BIBLIOTHÈQUE
DE PHILOSOPHIE CONTEMPORAINE

L'EMPLOI
DE
LA VIE

PAR

SIR JOHN LUBBOCK, BART

Membre de la Société royale de Londres
Membre du Parlement britannique et du Conseil de la Reine
Président du Conseil général de Londres
Président de la Chambre de commerce de Londres.

TRADUIT DE L'ANGLAIS PAR ÉMILE HOVELAQUE
Agrégé de l'Université.

DEUXIÈME ÉDITION

PARIS
ANCIENNE LIBRAIRIE GERMER BAILLIÈRE ET Cie
FÉLIX ALCAN, ÉDITEUR
108, BOULEVARD SAINT-GERMAIN, 108

1897

L'EMPLOI
DE
LA VIE

A LA MÊME LIBRAIRIE

AUTRES OUVRAGES DE SIR JOHN LUBBOCK

TRADUITS EN FRANÇAIS

Le bonheur de vivre. 2 vol. in-18, de la *Bibliothèque de philosophie contemporaine.* Chaque volume. . **2 fr. 50**

Origines de la civilisation, état primitif de l'homme et mœurs des sauvages modernes, traduit de l'anglais, 3ᵉ édit., 1 volume grand in-8°, avec fig., broché. **15 fr.** »

Les Fourmis, les Guêpes et les Abeilles. 1883. 2 vol. in-8°, de la *Bibliothèque scientifique internationale,* avec figures et planches en couleur, cart. à l'anglaise. **12 fr.** »

L'homme préhistorique. 2 vol. in-8°, de la *Bibliothèque scientifique internationale,* avec 228 grav. dans le texte, 4ᵉ édit., cart. à l'anglaise. . . . . **12 fr.** »

Les sens et l'instinct chez les animaux et principalement chez les insectes. 1 vol. in-8°, de la *Bibliothèque scientifique internationale,* avec 150 grav., cart. à l'anglaise.
6 fr. »

ÉVREUX, IMPRIMERIE DE CHARLES HÉRISSEY

L'EMPLOI

DE

LA VIE

PAR

SIR JOHN LUBBOCK, Bart

Membre de la Société royale de Londres,
Membre du Parlement Britannique,
et du Conseil de la Reine,
Président du Conseil Général de Londres,
Président de la Chambre de Commerce de Londres.

TRADUIT DE L'ANGLAIS

Par EMILE HOVELAQUE

Agrégé de l'Université

DEUXIÈME ÉDITION

PARIS

ANCIENNE LIBRAIRIE GERMER BAILLIÈRE ET Cⁱᵉ

FÉLIX ALCAN, ÉDITEUR

108, BOULEVARD SAINT-GERMAIN, 108

1897

Tous droits réservés.

L'EMPLOI DE LA VIE

CHAPITRE PREMIER

LA GRANDE QUESTION

Ce qu'il y a de plus important dans la vie, c'est d'apprendre à vivre. Il n'y a rien que les hommes se montrent plus désireux de conserver que la vie, et il n'y a rien qu'ils s'efforcent moins de bien diriger. Y réussir est chose moins facile qu'on ne pense. « La vie, dit Hippocrate au commencement de ses Aphorismes médicaux, la vie est courte, l'art est long, l'occasion passagère, l'expérience trompeuse et le jugement difficile. »

Le bonheur et le succès ne dépendent pas des circonstances, mais de nous-mêmes. « Plus d'hommes ont dû leur ruine à leurs propres fautes qu'à la malveillance des autres ; plus de maisons et de villes ont été anéanties par l'homme que par des tempêtes et des tremblements de terre. » Il y a deux espèces de ruine : celle qui est l'œuvre du temps et celle dont l'homme est responsable.

De toutes les ruines, c'est la ruine de l'homme qui est la plus affligeante. Sénèque l'a dit, le pire ennemi de chacun est dans son propre cœur. « La plupart des hommes, dit La Bruyère, emploient une partie de leur vie à rendre l'autre malheureuse, » et trop souvent « la chaleur du sang nous a fait faire pendant notre jeunesse des choses dont se repentent dans la vieillesse nos os endoloris [1] », car « ce qui est passé et terminé Clotho ne saurait en tisser à nouveau la trame ni Atropos le reprendre [2] ». L'homme s'aime avec plus d'ardeur que de sagesse.

On m'accuse parfois d'être optimiste. Cependant je n'ai jamais feint d'ignorer, je n'ai jamais nié les soucis et les peines de notre existence. Je n'ai jamais affirmé que les hommes fussent heureux, j'ai prétendu seulement qu'ils étaient capables de le devenir et s'ils n'y réussissaient pas, que la faute en était à eux seuls ; que la plupart des hommes laissent passer plus d'occasions de bonheur qu'ils n'en saisissent. Et cette dernière réflexion est peut-être la plus triste de toutes :

> « Car de toutes les mélancoliques paroles que l'on a écrites ou prononcées
> Les plus mélancoliques sont celles-ci : Cela aurait pu être [3]. »

Souvent ce que nous appelons un mal n'est qu'un bien dont on n'a pas su se servir ou qu'on a poussé jusqu'à quelque excès. Le courage porté à l'excès devient de la témérité,

(1) Lily (auteur dramatique anglais du XVIᵉ siècle).
(2) Lucien.
(3) Whittier.

l'affection de la faiblesse, l'économie de l'avarice. Et cependant jamais on n'a pu démontrer qu'un changement quelconque dans les lois naturelles serait un progrès. Un homme qui tombe se casse la jambe ; mais il ne s'ensuit pas qu'un changement dans les lois de la pesanteur serait une amélioration de l'état présent des choses.

Les Perses prétendaient que le bonheur nous vient d'Ormuzd, principe du bien, et le malheur d'Ahriman, esprit du mal. Mais en réalité nos peines sont notre œuvre personnelle ; elles nous viennent de nos erreurs, dans le double sens de ce mot, à la fois des erreurs que nous commettons consciemment et en toute connaissance de cause, et de celles — ce ne sont pas les moins nombreuses — qui sont dues à l'ignorance. En ce qui concerne la première catégorie de nos erreurs, nous portons dans notre cœur un critérium infaillible. Si nous agissons mal, c'est que nos yeux ont vu le mal. S'ils ne l'ont pas vu — à moins de les avoir volontairement fermés pour ne rien voir — nous ne sommes pas coupables de péché, mais seulement d'étourderie.

En ce qui concerne la seconde catégorie d'erreurs, il faut nous fier à la raison : à celle de nos parents, de nos aînés, de nos amis ; à notre éducation et à nous-mêmes. Notre éducation, c'est nous-mêmes, en partie, qui la faisons. Tous nous avons au moins un élève auquel nous devons l'instruction et l'éducation. Ce que nous apprenons par nous-mêmes fait plus essentiellement partie de notre être que ce que les autres nous enseignent. Notre éducation n'est pas terminée à la fin de nos classes : elle commence à peine. Elle dure autant que la vie. « Quel avantage il y aurait à voir les hommes exercer leur cerveau, nous dit Sénèque, comme ils exercent leur corps et se donner autant de peine pour atteindre à la vertu qu'au plaisir. »

Il y a des races fatalistes. Dans leur conception du monde, tout se trouve ordonné d'avance et ce qui doit être, sera, qu'on y consente ou non. Ces races considèrent que l'homme n'est qu'un simple automate, jouet d'une puissance supérieure. Ce qu'il importe donc d'examiner tout d'abord, c'est la question de savoir s'il existe une science de la vie. Sommes-nous capables de diriger notre course à travers l'océan du temps, ou sommes-nous condamnés à nous en aller à la dérive ? La réponse est nette : « L'homme est homme et maître de ses destinées[1] », ou, du moins, s'il ne l'est pas, c'est à lui seul qu'il en faut attribuer la faute. — « Ce que vous voulez être, vous le serez, car la puissance de la volonté est telle, lorsqu'elle se trouve en accord avec la volonté suprême, que tout ce que nous nous proposons de devenir, sérieusement, fermement, nous le devenons en effet[2]. »

Si donc nous pouvons ainsi disposer de notre destinée, il est de la plus haute impor-

(1) Tennyson. *Enid.*
(2) Jean-Paul Richter.

tance de nous demander ce que nous voulons
devenir, et comment profiter le plus possible
du riche héritage de la vie. Il y a des hommes
qui ont un but dans l'existence et d'autres
qui n'en ont aucun. Notre premier désir
devrait être de tirer de nous-mêmes le parti
le meilleur et le plus élevé. « Ce que tout
homme doit avant tout poursuivre, dit Humboldt, c'est le développement le plus complet et
le plus harmonieux de toutes ses facultés, afin
de s'élever jusqu'à l'expression la plus riche et
la plus forte de son être tout entier; » ou bien,
pour citer encore une fois Jean-Paul Richter,
« arriver à tirer de Soi tout ce que contient
cette matière première ». Ce n'est cependant
pas dans un but intéressé qu'il nous faut agir
ainsi, ou nous serions condamnés d'avance à
ne point y réussir. « Le succès individuel
d'aucun homme (c'est Bacon qui l'affirme) ne
saurait jamais être considéré comme le but
avouable de son existence. » Les âmes les
plus élevées et les meilleures, Platon et
Aristote, le Bouddha et saint Paul, ne se
seraient jamais contentés de poursuivre la
perfection seulement pour eux-mêmes.

Je considérerai donc comme admis que
c'est dans l'intérêt d'autrui que nous devons
travailler à notre propre perfectionnement,
et je voudrais dès à présent faire remarquer
combien la tâche que nous nous proposons
est intéressante. La maxime familière γνῶθι
σεαυτόν nous montre combien il est important
et difficile à la fois de se connaître. Montaigne

dit dans son langage savoureux : « Je n'ai veu monstre ou miracle au monde plus exprès que moi-même. »

Donner des conseils a toujours été une tâche ingrate. Je n'oublie pas la triste expérience du néophyte de la Nouvelle-Zélande « qui, disait le chef de sa tribu à un missionnaire, nous donnait tant de conseils que nous avons été obligés de le manger pour le faire taire ». Cependant « ceux qui ne veulent pas accepter d'emblée des conseils qui ne coûtent rien, achèteront plus tard le repentir fort cher[1] ». Mon dessein est donc de donner quelques conseils utiles à ceux qui veulent devenir ou faire quelque chose, et qui désirent tirer d'eux-mêmes et de leur existence le meilleur parti possible.

Rien n'est plus triste que de voir avec quelle étourderie l'homme gaspille les occasions qui lui sont accordées. Et combien de bonheur ne pourrait-on pas donner aux autres si on les faisait profiter des biens que nous dissipons follement ou dont nous ne savons pas profiter !

Veillez à ce que nos plaisirs soient réels et non imaginaires. Nous consentons à faire beaucoup de choses parce qu'on nous dit que ce sont des plaisirs. Nous en serions excédés si on leur donnait un autre nom. Trop de gens sont convaincus qu'ils s'amusent parce qu'ils ne voient aucune utilité à ce qu'ils sont en train de faire. D'autres semblent croire que le

---

(1) Lily.

plaisir sensible seul existe. En réalité les plaisirs de l'esprit sont à la fois les plus exquis et les plus durables.

Nous négligeons ou nous détruisons étourdiment notre corps, et pourtant nous n'en avons qu'un ; la santé de l'esprit dépend cependant de sa santé; nous ne savons pas profiter de la moitié des joies que nous procureraient les Beaux-Arts. Je me demande quelle proportion de Parisiens a visité le Louvre? De même nous ne nous préparons pas à comprendre l'intérêt des sciences : les visiteurs aux muséums et aux collections scientifiques sont-ils bien nombreux ? Nous jouissons mal des beautés de la terre et du ciel; nous tirons plus de parti sans doute de la musique, moins cependant qu'on en pourrait tirer ; nous nous vantons d'être seuls à posséder la raison et cependant cette raison dont nous sommes si fiers, comme nous savons mal en profiter pour accroître notre bonheur! L'on pourrait même demander — et les philosophes cyniques ont posé la question — si, toutes choses considérées, l'esprit n'est pas une *damnosa hereditas*, une source de souffrances plutôt que de joies. Les animaux ne connaissent point nos inquiétudes : « l'homme marche dans une ombre vaine et se ronge vainement ». Nous nous torturons de doutes, de terreurs, de soucis, d'anxiétés; le mystère nous entoure de toutes parts, mais il est vain de nous révolter contre lui.

Cependant quoique l'inquiétude soit vaine,

l'indifférence serait dangereuse. Il est nécessaire de nous préoccuper même des choses que nous croyons le mieux connaître. L'erreur nous guette partout. Mais « malgré tous les vices de ce monde, la miséricorde divine n'a pas voulu permettre que nous devenions méchants du premier coup. Il nous faut beaucoup de temps et de peine pour nous perdre entièrement. Nous ne tombons pas du haut de la vertu, comme Vulcain du ciel, en un seul jour[1] ».

Et si, quittant l'individu, nous considérons la race, n'est-il pas plus saisissant encore d'avoir à constater jusqu'à quel point nous négligeons nos avantages ? L'humanité peut encore aujourd'hui avouer, comme Newton, que nous ressemblons à des enfants qui jouent sur la plage et ramassent de temps en temps un coquillage plus brillant, une algue plus curieuse, tandis que l'immense océan de la vérité s'étend devant eux, inexploré. Il n'existe pas une seule substance, dont nous connaissions vraiment les propriétés et les ressources; nous travaillons depuis le matin jusqu'au soir, et cependant si seulement nous connaissions toutes les propriétés de la matière, si nous savions employer toutes les forces de la nature, il est probable qu'une heure ou deux d'efforts par jour suffiraient amplement à pourvoir à nos besoins les plus essentiels; il nous resterait tout le temps nécessaire pour cultiver notre

---

(1) Sir T. Browne.

esprit et satisfaire aux exigences de notre cœur.

On n'a même pas encore entièrement utilisé la force de la vapeur ; les emplois de l'électricité étaient inconnus il y a cinquante ans; c'est à peine si aujourd'hui même nous savons en tirer parti; la puissance motrice des fleuves est une force perdue. Et combien de douleurs auraient été presque épargnées à l'homme s'il avait découvert les anesthésiques plus tôt ! Un volume ne suffirait pas à tous les exemples qu'on pourrait citer à l'appui de cette thèse. Il est impossible de douter que mille découvertes encore sont imminentes. N'est-il pas extraordinaire, par conséquent, que des nations qui se disent chrétiennes gaspillent follement des milliards pour leur commune ruine, et luttent comme des fauves pour acquérir quelque bout de territoire tandis que « l'immense océan de la vérité s'étend devant eux inexploré » ?

Il y a une génération à peine, on admettait que la moitié des enfants grandissent sans apprendre à lire et à écrire. Aujourd'hui encore nous entendons souvent blâmer un excès d'instruction. A vrai dire, cette critique condamne plutôt toute instruction qui n'a pas de rapports directs avec la vie. Il existe même des gens, peu nombreux à la vérité, qui trouvent excessives nos dépenses scolaires. Ils ne voient pas que l'ignorance coûte plus cher que l'instruction. Nos enfants reçoivent tous aujourd'hui quelques rudiments d'éducation. Mais on est en droit de se demander (je ne

1.

veux pas examiner cette question ici) si les systèmes que nous avons adoptés sont les meilleurs. Je me contenterai de faire remarquer que nous semblons trop négliger l'éducation morale dans nos écoles ; il en est résulté une théorie, qui semble dire que si vous ne respectez pas les commandements de Dieu, vous ferez sans doute mal et votre action entraînera la souffrance d'autrui, mais elle vous procurera, au moins sur cette terre, le bonheur et des avantages sérieux. D'après cette conception, l'égoïsme, l'avarice, l'intempérance, la paresse et d'autres vices, condamnables en eux-mêmes, seraient cependant une source de plaisir, au moins pour nous. Ils ne feraient de mal qu'à autrui ; la jouissance serait naturellement recherchée par tous ceux qui ne songeraient qu'à eux-mêmes ; et la vertu et la bonté, choses nobles et élevées en soi, entraîneraient le renoncement aux amusements même innocents et nous condamneraient à une abnégation perpétuelle.

Or, c'est précisément le contraire qui est vrai. Le vice jouit si peu du privilège de ne point connaître de contrainte ni de loi, que c'est le méchant lui-même qui tombe dans le pire esclavage, celui de ses passions. Cependant bien des jeunes gens ont l'air de croire que le vice a quelque chose de viril. Mais l'être le plus sot et le plus faible est capable de vices. La vertu, voilà la vraie virilité ; c'est en elle que se trouve la vraie liberté : le véritable esclavage, c'est le vice. Telle façon de vivre n'est pas avilissante parce qu'elle est immorale; elle est immorale parce qu'elle avilit. Et si par quelque renversement inconcevable des choses, le mal devenait le bien, le bonheur et la paix n'en seraient pas moins détruits.

Je ne veux point citer l'avis des théologiens à l'appui de la thèse que le mal et la douleur sont inséparables. J'aime mieux invoquer le témoignage d'un mondain achevé, lord Chesterfield. Il termine une de ses lettres de conseils à son fils en disant : « Telles sont les récompenses que la vertu ne peut manquer d'obtenir et tels sont les caractères qu'il faut vous efforcer d'imiter si vous voulez devenir un homme de bien et un homme supérieur; le bonheur est à ce prix. »

Descartes résumait en quatre maximes ses règles pour la conduite de la vie :

« La première, d'obéir aux lois et aux coutumes de mon pays, retenant constamment la religion en laquelle Dieu m'a fait la grâce d'être instruit dès mon enfance;

« La deuxième, d'être le plus ferme et le plus résolu en mes actions que je pourrai;

« La troisième, de tâcher toujours plutôt à me vaincre que la fortune;

« La quatrième, employer toute ma vie à m'avancer autant que je pourrais en la connaissance de la vérité. »

Ce ne sont pas seulement les égoïstes, les indifférents ou les méchants qui, dans leur poursuite éhontée de ce qu'ils croient être leur intérêt, font leur malheur propre et celui d'autrui. Il faut aussi reconnaître que de très braves gens et des livres excellents, remplis de bonnes intentions, commettent au fond la même erreur. Ils ont confondu l'immoralité et le plaisir; ils ont décrit la vertu comme abnégation perpétuelle et pris l'austérité pour la religion. L'Inquisition est un exemple extrême de cette conception; plusieurs des inquisiteurs étaient sans contredit des hommes pleins de bonté et de pitié, mais ils se sont radicalement trompés sur ce qui constitue l'essence du christianisme. Chaque jour, autour de nous-mêmes nous voyons de braves gens qui semblent convaincus que tout ce qui est agréable doit être un péché, que le véritable esprit religieux est tout d'austérité, de tristesse et de mortification ; que la nature radieuse et inondée de soleil et de joie, n'est qu'un mal et non une bénédiction, une tentation de l'Esprit du mal et non une des plus grandes sources de jouissance que nous ait accordée l'auteur de tout bien. Cowper, dans deux très beaux vers nous dit que

> Le chemin de la douleur et ce chemin seul
> Conduit à la terre où toute douleur est inconnue.

et en effet nous ne pouvons pas traverser la vie sans connaître la douleur. Toute lumière jette une ombre. Sans parler des inévitables tristesses que nous imposent les limites si étroites de l'existence par la perte de ceux que nous aimons, notre vie est si complexe, le monde est encore si inexpérimenté, nous comprenons si peu les nécessités de notre être, la nature et les propriétés des substances et des forces qui nous entourent, que fatalement nous sommes exposés à éprouver beaucoup de douleurs et de souffrances. Mais Cowper déclare que *seul* le chemin de la douleur conduit au ciel, comme si une vie heureuse ici-bas devait nécessairement se payer par de la souffrance dans l'autre monde. Idée complètement erronée, mais qui a fait bien souffrir les âmes délicates qu'elle a troublées et remplies d'inquiétudes et de doutes. Plus d'une nature jeune et joyeuse a connu les tourments du remords et s'est reproché le bonheur dont elle aurait dû être reconnaissante. Et cependant n'est-ce pas un privilège inestimable que de pouvoir éclairer par la présence de sa joie tous ceux qui, par suite de leurs épreuves ou de leur mauvaise santé, ne connaissent plus par eux-mêmes cette source jaillissante de lumière et de gaieté? Cowper était très loin d'être un simple Puritain. Cependant sa doctrine est saturée de l'esprit de ceux qui, selon la phrase de Macaulay, condamnent les courses de taureaux et les combats de coqs, non parce qu'ils sont une cause de souffrance pour les animaux. mais parce qu'ils réjouissent les spectateurs,

Beaucoup de gens se tourmentent et inquiètent de ne pas pouvoir comprendre le mystère de l'existence. Cependant l'homme de bien peut parfois s'irriter de la constitution du monde et parfois en être attristé; mais soyez certain que jamais aucun homme ne s'en est plaint s'il y a fait son devoir. Car « il n'y a pas de devoir, nous dit Sénèque, qui, accompli, puisse manquer de nous rendre plus heureux, ni de tentation contre laquelle il n'y ait pas de remède ». N'accuse pas la nature, dit Milton « elle a fait son devoir envers toi ; à ton tour fais le tien ». Nous pouvons être assurés que le Créateur n'aurait pas fait que la nature ne présente que beauté à nos regards et que musique à notre oreille, s'il n'avait pas voulu en même temps nous en faire jouir dans tout notre être ; « il est presque impossible d'estimer à sa juste valeur combien l'homme procure de paix à autrui, combien de joie à lui-même en dirigeant bien son existence[1] ». Si ce siècle est vraiment (et c'est là mon avis) le plus merveilleux, le plus intéressant et le plus éclairé que la terre ait encore vu, remercions-en notre bonne fortune, mais ne nous en attribuons pas la gloire ; il faut nous en féliciter, mais avec reconnaissance plutôt qu'avec orgueil.

Il faut donc jouir avec reconnaissance, et aussi complètement que possible, des innombrables bienfaits de l'existence. Mais il faut être préparé à en connaître aussi les tristesses et les soucis. La vie, a dit Walpole, est une comédie pour ceux qui réfléchissent, une tragédie pour ceux qui sentent. Elle est en effet tragique par moments et fort souvent elle

---

(1) *L'Imitation.*

touche à la comédie, mais plus souvent encore elle est ce que nous voulons bien la faire. « Aucun mal, a dit Socrate, n'atteint le sage, ni dans la vie, ni dans la mort. » A coup sûr les prophètes du bien ont plus souvent raison que les prophètes du malheur. Et cependant nous laissons s'écouler des années de bonheur sans nous en rendre compte, tandis que nous savourons lentement chaque instant de tristesse ou de douleur.

Nous ne pouvons pas nous attendre à réussir à tout coup. La nature elle-même avorte souvent. Mais « ne vous enflez jamais d'arrogance dans la prospérité ni le bonheur, et ne désespérez jamais du bonheur dans l'adversité[1] ».

Un endroit bien connu de la Bible nous dit : « La porte large et le chemin spacieux mènent à la perdition et il y en a beaucoup qui y entrent. Mais la porte étroite et le chemin étroit mènent à la Vie et il y en a peu qui les trouvent. » Mais la conclusion que l'on tire de ces versets me paraît souvent fausse. On ne nous dit pas que le vrai chemin est plus âpre et plus difficile, mais qu'il est étroit et difficile à trouver. Sans doute il n'y a qu'un seul vrai chemin et les faux chemins sont innombrables. Un vaisseau, en mer, n'a qu'une seule ligne de marche ; toutes les autres l'éloigneraient du vrai port où il trouvera le repos. Mais il ne suit pas de là que ce chemin

---

(1) Boéce (traduction du roi Alfred).

soit plus semé d'écueils et de tempêtes que tout autre.

Il est sans doute impossible de nier que le mal et la sottise soient souvent choses fort agréables, parfois même délicieuses sur le moment. Ce serait du même coup nier la force de la tentation, ce qui serait absurde. J'entends seulement dire qu'en cédant à ces tentations nous achetons un plaisir passager au prix d'une douleur durable ; que nous gagnons peu de chose en perdant beaucoup et que « nous acquérons au prix d'années de repentir la joie d'une heure ». Et j'ose même dire — je ne parle que de notre existence terrestre — que nous n'atteindrons au bonheur qu'en poursuivant le bien. Il y a plus de bonheur dans l'abnégation que dans l'égoïsme.

Le succès et le bonheur ne sont pas du tout choses identiques. L'on voit souvent des gens comblés de toutes les faveurs de la fortune et qui cependant sont malheureux. La fortune peut beaucoup, mais c'est la volonté qui fait que l'on est satisfait de ses dons.

« Mon esprit est pour moi un véritable empire. Telles sont les joies qu'il me procure à tout instant [1]. »

« Il n'appartient pas à tout le monde, a-t-on dit avec justesse, de posséder des richesses, des charges, des honneurs, mais il est dans le pouvoir de tout le monde d'être vertueux, généreux et sage. »

(1) Dyer.

La vraie richesse est moins dans ce que nous possédons, que dans ce que nous sommes. Et tous les avantages dont nous jouissons entraînent des responsabilités.

« Notre vie présente, a dit saint Chrysostome, n'est qu'une représentation théâtrale, et les affaires de l'homme un drame; la pauvreté et la richesse, l'autorité ou la servitude et toutes les différences qui séparent les hommes n'en sont que les éléments extérieurs. Mais après cette vie terrestre, le théâtre sera fermé et les masques arrachés. Et alors chacun sera jugé selon ses œuvres : non selon ses richesses, ni ses fonctions, ni ses dignités, ni sa puissance; mais selon ses œuvres. » Espérons que nos œuvres résisteront à l'épreuve de ce jugement.

Et quelle sera cette épreuve ? Elle ne jugera pas nos accomplissements, mais notre volonté d'accomplir; elle ne tiendra pas compte de notre succès dans la vie, mais de notre mérite seul. Et à coup sûr alors il deviendra visible qu'une vie vertueuse est la seule qui soit heureuse ; que ceux-là seuls se sacrifient eux-mêmes qui vivent dans le péché et l'égoïsme.

« Mon fils, dit Salomon[1], ne mets pas en oubli mon enseignement et que ton cœur garde mes commandements, car ils t'apporteront de longs jours et des années de vie et de prospérité. »

(1) *Proverbes.*

CHAPITRE II

DU TACT

Pour réussir dans la vie, le tact est plus indispensable que le talent. Mais ceux qui ne le possèdent pas naturellement ne l'acquièrent que fort difficilement. Cependant on peut y arriver au moins partiellement en tenant toujours compte des désirs probables de ceux qui nous entourent.

Ne laissez jamais échapper une occasion de faire du plaisir à quelqu'un. Soyez courtois pour tout le monde. « La politesse, disait lady Montague, ne coûte rien et achète tout, » parfois même ce que l'argent serait impuissant à obtenir. Efforcez-vous par conséquent de gagner les cœurs de tous ceux que vous rencontrerez. — « Ayez leurs cœurs, disait lord Burleigh, à la reine Elisabeth, et vous aurez la bourse des hommes en même temps que leur cœur. »

Le tact réussit souvent là où la contrainte serait impuissante. La fable de La Fontaine, *Phébus et Borée*, est dans toutes les mémoires.

Rappelez-vous toujours qu'il est plus facile de conduire les hommes par la persuasion que par la violence et qu'il vaut toujours mieux les gagner que les soumettre.

« Ce que tu désires avoir,
Tu l'obtiendras plus facilement par un sourire
Qu'à la pointe de ton épée[1]. »

Il n'y a pas de meilleure règle en politique que « de ne pas trop gouverner ».

Essayez de gagner et surtout de mériter la confiance de ceux que vous fréquentez. Plus d'un homme a dû son influence bien plutôt à son caractère qu'à ses talents.

Allez au-devant des désirs d'autrui, autant que le permettent la sagesse et la justice ; mais n'ayez jamais peur de dire *non*.

Tout le monde sait dire *oui*, bien que tous ne sachent pas le dire avec grâce, mais il est bien plus difficile de dire *non*. Plus d'un homme a dû sa ruine à cette incapacité. Plutarque nous dit que les habitants de l'Asie Mineure ont été réduits à l'esclavage par cette unique raison qu'ils ne savaient pas dire *non*. Mais s'il est nécessaire de pouvoir parfois refuser, il est tout aussi nécessaire de savoir refuser avec grâce. Nous devrions toujours tâcher que ceux avec qui nous avons quelque affaire à traiter aient du plaisir à être en relation avec nous, et désirent recommencer. Dans les affaires il y a plus de sentiment qu'on ne le suppose généralement ; il n'y a personne qui ne soit sensible

(1) Shakespeare.

à la bienveillance et à la courtoisie. Des manières agréables et cordiales régleront parfois une affaire mieux que l'argent.

Il est dans le pouvoir de presque tout le monde de plaire si l'on veut bien s'en donner la peine. — « Le désir de plaire fait généralement qu'on plaît, et d'autre part, celui qui n'essaie pas de plaire ne plaira pas[1]. » Si vous n'arrivez pas à acquérir ce don précieux dans votre jeunesse, il vous sera fort difficile de l'acquérir plus tard. Plus d'un homme a dû son succès dans le monde bien plutôt à ses bonnes manières qu'à des qualités réelles ; et d'autre part, plus d'un homme excellent, rempli de bonté et de bonnes intentions, se fait des ennemis à force de rudesse. On goûte d'ailleurs un véritable plaisir à plaire aux autres. Essayez seulement ; vous n'éprouverez pas de déception à le faire.

Soyez toujours avisé et de sang froid. — Il est aussi nécessaire d'avoir le cerveau lucide que le cœur chaud. — En toute affaire la fermeté et le sang-froid sont fort précieux ; souvent en temps de danger ou de difficultés vous leur devrez le salut.

Il ne faut jamais mépriser ceux qui sont moins doués que vous. Vous n'en avez point le droit. Il n'est pas plus raisonnable de vous enorgueillir des talents que des richesses dont vous avez pu hériter. Toute la question est de savoir dans les deux cas si vous avez su

---

(1) Chesterfield.

en profiter. D'ailleurs les gens ne montrent pas toujours tout l'esprit qu'ils ont. Il est plus facile de lire dans les livres que dans les âmes. Les yeux sont les meilleurs indices à consulter.

« Lorsque les yeux disent une chose et la parole une autre, c'est aux yeux que se fie tout homme exercé [1]. »

Ne vous fiez pas trop aux professions exagérées d'intérêt. Les hommes ne se mettent pas à aimer les hommes tout d'un coup, ni les femmes les femmes. Si quelqu'un que vous connaissez peu proteste trop de sa bonne volonté, s'il se montre trop prompt à promettre, n'ayez pas une confiance aveugle en ses promesses. Même s'il est sincère, il est probable que ses paroles dépassent sa pensée ; ou bien il a intérêt à vous gagner. Ne croyez pas par conséquent que tout homme qui se déclare votre ami l'est en effet ; ne vous pressez pas non plus de voir en quelqu'un un ennemi.

Nous nous flattons d'être des êtres raisonnables et intelligents, mais on se tromperait fort en supposant que c'est la raison qui guide les hommes. Nous sommes pleins d'incohérence et de bizarrerie, et nos actes résultent le plus souvent de nos préjugés ou de nos passions. Par conséquent vous agirez plus puissamment sur les hommes en vous adressant à leurs sentiments qu'à leur raison. Et cela est encore plus vrai lorsqu'il s'agit d'une foule.

(1) Emerson.

La discussion est toujours chose un peu dangereuse. Elle amène souvent des malentendus et des refroidissements. Vous pouvez avoir le dernier mot et perdre votre ami, ce qui est plutôt une mauvaise affaire. Si vous êtes obligé d'entamer une discussion, faites le plus de concessions possibles tout en essayant de prouver qu'on oublie un côté essentiel de la question. Peu de gens savent reconnaître qu'ils sont battus dans une discussion : le sentiment d'être battu n'a rien d'agréable. Et même battu on est rarement convaincu. J'ose même dire qu'il est inutile d'essayer de convaincre par des arguments. Faites valoir vos arguments le plus nettement et le plus brièvement possible : vous arriverez peut-être à ébranler la certitude de votre adversaire. C'est déjà beaucoup et tout ce que vous pouvez espérer.

La conversation est un art. Ce ne sont pas les esprits les plus nourris qui y réussissent le mieux. On aurait tort cependant d'affirmer avec lord Chesterfield « qu'ils sont rares, les capitaines d'infanterie, dont la conversation n'est pas plus amusante que celle de Descartes ou de Newton ».

Je ne prétends pas qu'il soit aussi difficile de bien écouter que de bien causer, mais c'est un art presque aussi difficile et à peine moins important. N'accueillez pas en critique tout ce que vous entendrez. Suspendez votre jugement, essayez de pénétrer les sentiments de ceux qui vous parlent. Si vous vous montrez bienveillant et plein de sympathie, on vous demandera souvent conseil et vous aurez souvent la satisfaction de sentir que vous avez aidé ou consolé ceux qui ont un chagrin ou un souci. Ne vous attendez pas à être remarqué si vous êtes jeune. Ecoutez en silence et regardez tout ce qui se passe; ce sont les spectateurs qui suivent le mieux un combat, et vous pouvez voir d'autant mieux qu'on ne vous voit pas. C'est presque posséder l'anneau de la légende qui rendait invisible.

Pour s'épargner la fatigue de penser, chose fort pénible à la plupart des hommes, on vous accordera la valeur que vous semblez vous accorder vous-même. « On ne vaut dans ce monde, dit La Bruyère, que ce que l'on veut valoir. »

Ne vous faites pas d'ennemis : c'est la pire des acquisitions. « Ne réponds pas au fou selon sa folie, de peur que tu ne sois aussi fait semblable à lui[1]. » Rappelez-vous « qu'une réponse douce apaise la fureur », mais même une réponse irritée vaut mieux que la raillerie. Neuf hommes sur dix préféreraient qu'on dise du mal d'eux, qu'on leur en fasse même, plutôt que d'être ridiculisés. Ils oublieront tout plus facilement que cela.

Il est plus agréable de se tromper que d'être détrompé. Trasilaus, un Athénien, perdit la raison; dans sa folie il croyait que tous les vaisseaux du Pirée lui appartenaient. Guéri

---

(1) *Proverbes.*

par Criton il se plaignit amèrement d'avoir été volé par lui.

Ne soyez pas toujours prêt à croire que l'on a manqué d'égards envers vous, ou qu'on se moque de vous, comme Scrub dans la Comédie : « Je suis sûr qu'on parlait de moi, car on riait aux éclats. » Et d'autre part, si l'on rit à vos dépens, n'en montrez aucune humeur. Riez de bon cœur avec les autres si cela vous est possible. Vous avez tout à gagner à agir ainsi. Tout le monde aime ceux qui savent rire d'une plaisanterie dont ils font les frais, et à juste titre ; car c'est là une preuve de bonne humeur et de bons sens. Si vous êtes le premier à rire de vos ridicules, les autres en riront moins.

Ayez le courage de vos opinions. On se moquera parfois de vous, cela est certain, mais cela ne vous fera aucun mal. Il n'y a rien de ridicule à paraître ce que l'on est véritablement : le ridicule consiste à faire semblant d'être ce que l'on n'est pas.

Soyez franc et cependant gardez une certaine réserve. Ne parlez pas beaucoup de vous-même : ni de vous-même, ni pour vous-même, ni contre vous-même. Mais admettez que les autres parlent d'eux autant qu'il leur plaira de le faire. S'ils le font, c'est que cela leur fait plaisir, et ils vous aimeront d'autant plus que vous les écouterez plus volontiers. De toute façon n'allez pas prouver aux gens qu'ils sont imbéciles ou dénués de sens, à moins que votre devoir ne vous y oblige. Ils auraient quelque raison de s'en plaindre. Il se peut fort bien que votre jugement soit faux ; dans ce cas ils auront de vous l'opinion que vous aviez d'eux, et à juste titre.

Burke a dit un jour qu'il lui était impossible de porter une accusation générale contre une nation tout entière, et rien n'est plus sot ni plus injuste que d'attaquer toute une classe ou toute une profession. Les individus oublient ou pardonnent quelquefois : les sociétés jamais. Et d'ailleurs, même les individus pardonneront plus facilement un tort qu'une insulte.

Rien ne laisse une blessure plus cuisante que le ridicule. Vous n'arriverez jamais à vos fins en indisposant les gens contre vous ni en les couvrant de ridicule.

Gœthe dans ses conversations avec Eckermann, fait un éloge des Anglais : « Leur manière de se présenter et de se conduire dans la société est si remplie d'assurance et si aisée que l'on croirait qu'ils sont partout les maîtres et que le monde entier leur appartient. » Eckermann répond : « Je n'affirmerais pourtant pas que ces jeunes Anglais de Weimar soient plus intelligents, mieux doués, plus instruits ou plus affectueux que les jeunes Allemands. » — « Mon bon ami, il ne s'agit pas de cela, réplique Gœthe. Cela ne tient pas non plus à la naissance ni à la richesse. Ce qui les distingue, c'est d'avoir le courage d'être tels que la nature les a faits. Il n'y a en eux rien d'incomplet : ce sont des êtres complets. Ce sont parfois des sots complets, je vous l'accorde de grand cœur. Mais cela même est déjà quelque chose et a son importance. »

Dans toutes vos affaires et entreprises, soyez patient. Plus d'un homme aime mieux que vous écoutiez avec attention ce qu'il vous dit que d'obtenir ce qu'il vous demande ; plus d'un adversaire a cédé de guerre lasse. Surtout ne vous mettez jamais en colère, ou de toute façon sachez vous dominer et vous taire.

« Réprime ta colère et laisse là l'emportement ; ne t'irrite pas, du moins pour faire le mal », car « une réponse douce apaise la fureur, mais la parole dure excite la colère [1]. »

Ne vous mettez jamais où vous serez de trop, la place ne manque pas ailleurs. « N'ai-je pas trois royaumes ? disait Jacques Ier à une mouche. Et cependant il faut que tu te mettes dans mon œil [2]. »

Il y a des gens qui semblent avoir le don de toujours dire ce qu'il ne faudrait pas. Ils font continuellement allusion à des choses qui éveillent chez nous des souvenirs douloureux ou des différences d'opinion.

Aucune science n'est plus nécessaire que la connaissance de l'homme. Il est de toute importance de pouvoir décider avec sagesse non seulement si vous devez vous fier à tel

---

(1) *Proverbes.*
(2) Selden. *Propos de table.*

homme ou vous en méfier, mais jusqu'à quel point et sous quels rapports vous pouvez lui accorder votre confiance. Et ce n'est pas là chose facile. Surtout il faut savoir choisir ses collaborateurs de façon à ce que leur besogne leur convienne et qu'ils conviennent à leur besogne.

« Si vous n'avez pas confiance en quelqu'un, ne l'employez pas : si vous l'employez, ayez confiance en lui [1]. »

On a plus souvent raison de se fier aux gens que de s'en méfier.

La confiance devrait être entière mais non aveugle.

Soyez toujours discret. Sachez vous taire. Si vous êtes bavard vous-même il ne faudra pas vous étonner que les autres le soient. « La bouche du sage est dans son cœur et le cœur du sot est dans sa bouche, car ce qu'il sait ou ce qu'il pense, il le dit tout haut [2]. »

Faites usage de votre esprit : consultez toujours votre raison. Elle est loin d'être infaillible, mais elle pourra vous éviter bien des erreurs.

La parole, dit-on, est d'argent et le silence est d'or.

Beaucoup de gens parlent plutôt par amour du bavardage que par abondance d'idées. La parole devrait être plutôt un exercice de l'esprit que de la langue; le bavardage, l'amour

---

(1) Confucius.
(2) *Proverbes.*

de la parole même, est fatal au succès. « Les hommes sont entraînés par la chaleur de leurs discours à dire beaucoup plus qu'ils ne comptaient dire. Et cette volubilité excessive et cette incontinence de paroles est la cause de maux et d'ennuis innombrables [1]. »

« C'est une grande misère, dit La Bruyère, que de n'avoir pas assez d'esprit pour bien parler ni assez de jugement pour se taire. »

Plutarque raconte que lorsqu'on demanda dans une assemblée à Démarate s'il se taisait par sottise ou par manque de paroles, il répondit : Un sot ne sait pas se taire. « Vois-tu, dit Salomon, vois-tu un homme étourdi dans ses discours ? Il y a plus d'espoir d'un sot que de lui. »

N'essayez jamais de prouver votre supériorité. Peu de choses irritent plus les gens que de se sentir inférieurs.

Ne soyez pas trop tranchant dans vos affirmations. Il se peut que vous vous trompiez malgré votre certitude ; la mémoire nous joue des tours très singuliers, et nos oreilles et nos yeux sont souvent trompés.

Nos préjugés les plus chers n'ont souvent aucun fondement solide.

Et d'ailleurs, même si vous avez raison, vous ne perdrez rien à ne pas le dire trop haut.

De même dans l'action, ne soyez jamais trop sûr de vos affaires : ne négligez jamais aucun

---

(1) Butler. *Sermons.*

avantage. Rappelez-vous le proverbe : « Il y a loin de la coupe aux lèvres. »

Tout vient à point à celui qui sait attendre : Et lorsque l'occasion se présente, prenez-la par les cheveux. « Celui qui ne veut pas quand il peut, ne pourra plus quand il voudra [1]. »

Si vous laissez échapper l'occasion vous ne la retrouverez plus.

Il y a une marée dans les affaires des hommes.
Profitez-en et son flux vous mènera à la fortune ;
Manquez-la et tout le voyage de votre vie
Se passera parmi les bas-fonds et les malheurs.
C'est sur une telle marée que nous voguons aujourd'hui
Et il nous faut prendre le courant pendant qu'il est fa-
Ou risquer de tout perdre [2]. [vorable

Soyez prudent mais ne le soyez pas à l'excès. N'ayez pas trop peur de vous tromper : « Celui qui ne veut jamais se tromper, ne pourra jamais rien tenter. »

Habillez-vous toujours avec soin; puisque nous sommes obligés de nous habiller, c'est la peine de le faire bien, mais sans recherche. N'y dépensez cependant ni trop de temps ni trop d'argent; mais que vos vêtements soient solides. Il est difficile d'exagérer l'importance qu'on attache à la toilette. C'est d'après elle que jugent la plupart des gens et très souvent ils n'ont d'autre critérium que les apparences. D'ailleurs si vous êtes sans soin et négligé dans votre personne, on a bien le droit de penser,

(1) Proverbe anglais.
(2) Shakespeare.

quoique ce jugement puisse souvent être erroné, que vous serez négligent pour tout le reste.

Lorsque vous êtes dans le monde, étudiez les personnes dont les manières vous frappent comme agréables. Car « de bonnes manières sont une lettre ouverte de recommandation »; « les manières sont quelque chose pour tous et tout pour quelques-uns. » « Le mérite et l'instruction ne gagnent pas les cœurs bien qu'ils les fixent une fois gagnés. Attirez d'abord les regards par votre tenue, votre façon d'être et d'agir... le cœur ne tardera pas à être touché à son tour[1]. » Tout le monde peut voir et entendre : peu d'hommes possèdent du jugement. Le monde n'est qu'un théâtre; nous y avons tous un rôle, et tout le monde sait que le sort d'une pièce dépend du jeu des acteurs.

Les Grâces ne sont pas moins utiles à la vie que les Muses. Nous savons tous « que tel homme peut impunément voler un cheval dans un champ tandis que tel autre n'a pas le droit de le regarder par-dessus la haie[2] ». Et pourquoi, sinon parce que l'un sait la manière aimable de s'y prendre et que l'autre ne sait que déplaire. Horace nous dit que la jeunesse et Mercure, dieu de l'éloquence, sont impuissants sans le secours des Grâces.

(1) Lord Chesterfield.
(2) Proverbe anglais.

CHAPITRE III

DE L'ARGENT

« C'est ce que tu dépenseras bien plutôt que ce que tu gagneras qui te fera riche ou pauvre, » disait un vieux Quaker avisé.

Sans vouloir devenir riche, il est légitime et nécessaire d'avoir de l'économie et de faire provision pour l'avenir incertain. C'est un bien triste proverbe qui dit : « Quand la pauvreté entre par la porte, l'amour s'envole par la fenêtre. » Mais il est douloureux de voir sa femme et ses enfants manquer de nourriture, de vêtements ou des soins d'un médecin, de ne pas pouvoir leur faire goûter un repos ou un changement d'air nécessaire, et d'avoir à se dire que ces souffrances auraient pu leur être épargnées par un peu d'application sérieuse ou par le sacrifice de quelque plaisir, même innocent. Économiser pour entasser de l'argent est chose misérable ; mais économiser pour garder son indépendance est juste et viril.

Ayez un livre de dépenses et tenez-le bien. Je ne dis pas qu'il soit nécessaire d'inscrire jusqu'aux moindres sommes, mais sachez toujours à quoi vous avez dépensé votre argent et ce que chaque chose a coûté. L'homme qui sait toujours ce qu'il a en poche et le prix de ce qu'il achète ne fera jamais de dépenses folles. Ceux qui gaspillent leurs moyens le font toujours les yeux fermés. Personne ne serait assez fou pour regarder la ruine en face.

Surtout, ne dépassez jamais vos moyens d'existence. Mettez de côté une petite somme tous les ans, quelque peu que ce soit. Et surtout ne faites pas de dettes. Micawber dans le *David Copperfield* de Dickens nous dit : « Vous avez cinq cents francs de rentes ? Dépensez quatre cent quatre-vingt-dix-neuf francs ; quel est le résultat ? Le bonheur. Vous avez cinq cents francs de rente ? dépensez cinq cent un francs : quel est le résultat ? La misère. » Et cependant il n'y a que deux francs de différence. Pour être placée dans la bouche d'un personnage comique, la remarque n'en est pas moins vraie.

Ce n'est pas trop dire que d'affirmer que les dettes constituent un véritable esclavage. « Celui qui va empruntant va souffrant. » Horace Greeley, dont l'expérience était vaste, avait raison de dire : « La faim, le froid, les haillons, le travail épuisant, le mépris, les soupçons, les reproches immérités, sont choses pénibles : mais avoir des dettes est pire que tout cela. Ne faites jamais de dettes. Si vous n'avez que cinquante sous, achetez-vous un boisseau de maïs : faites-le griller et mangez-le. Mais ne devez pas un dollar à qui que ce soit. »

« Le monde, disait Cobden, se divise en deux classes : ceux qui ont économisé et ceux qui ont dépensé leur argent. Toutes les maisons, tous les moulins, les ponts, les vaisseaux, toutes les grandes œuvres qui ont fait la civilisation et le bonheur de l'humanité, sont l'ouvrage de ceux qui ont économisé ; et ceux qui ont gaspillé leur substance ont été leurs esclaves. La Nature et la Providence ont voulu qu'il en fût ainsi de tout temps. Je serais le dernier des charlatans si je promettais à une classe d'hommes quelconque le succès par l'imprévoyance, l'insouciance et la paresse. »

« Le temple d'Artémis à Éphèse, disait Plutarque, est un asile et un sanctuaire pour tous les débiteurs poursuivis par leurs créanciers : mais l'asile et le sanctuaire de l'Économie s'ouvrent partout aux âmes frugales : elles y trouvent l'honneur et la joie, et la liberté d'y goûter beaucoup de bienfaits. » N'empruntez pas par conséquent et ne prêtez pas, sauf dans les affaires. Vous n'obtiendrez jamais ni votre argent ni la reconnaissance qui vous est due ; car votre débiteur vous en voudra toujours. Donnez par conséquent avec générosité dans la mesure de vos moyens ; mais n'espérez pas qu'on vous rende votre argent.

Si l'argent est lent à venir, ne soyez point découragé : à la nuit la plus longue succède cependant le jour. Mais si par hasard la fortune vous sourit, ne soyez pas prodigue, dites-vous que la bonne fortune ne dure pas toujours. Plus d'un homme s'est ruiné en se laissant griser par un commencement de succès.

Ne soyez pas trop pressés de vous enrichir. Et ne vous laissez pas ronger par l'inquiétude de l'argent. S'il est donné à peu de gens de gagner de grandes fortunes, tous peuvent gagner leur vie avec un peu d'application et d'économie. On nous parle souvent de richesses mal acquises. Mais à vrai dire la pauvreté aussi est souvent le résultat de la malhonnêteté. Les vrais pauvres ne sont pas ceux qui n'ont rien mais ceux qui ont le plus de besoins.

Sir James Paget[1], dans une de ses intéressantes conférences, nous donne quelques statistiques sur ses élèves. Sur 1,000 élèves dont il a pu suivre la carrière, 200 ont quitté la profession médicale, ont hérité ou sont morts de bonne heure. Des 800 autres, 600 ont atteint à un succès honorable, quelques-uns à des succès très grands. En tout 56 ont complètement échoué : 15 n'ont jamais pu passer leurs examens, 10 se sont perdus par leur intempérance ou leurs débauches ; et sur l'ensemble de ses élèves, 25 seulement ont échoué par suite de causes indépendantes de leur volonté. Soyez certains que dans n'importe quelle profession si vous offrez de rendre service, on saura se servir de vous.

En réalité, peu de gens ont des raisons de se préoccuper des choses vraiment nécessaires

---

[1] Célèbre médecin anglais.

à l'existence. La Nature n'exige que peu de chose et nous donne beaucoup. Le superflu est toujours cher. Franklin avait raison de dire : « Ce que coûte un seul vice suffirait pour élever deux enfants. »

Rappelez-vous la maxime du duc de Wellington : Gros intérêts, mauvaise garantie.

Ne mettez pas tout votre bien dans le même sac.

Si bien que vous soyez renseignés, et même si vous croyez posséder à fond votre affaire, il peut vous arriver de voir déjouer tous vos calculs. Les négociants et les banquiers les plus avisés se trompent souvent. Un homme sensé ne peut espérer avoir raison que dans la majorité des cas.

On nous apprend que deux et deux font quatre. Ils font aussi vingt-deux.

Exercez-vous à la patience et sachez vous ennuyer au besoin.

Bagehot[1] disait que dans les affaires beaucoup d'hommes se perdaient par suite de leur incapacité à rester tranquillement dans leur cabinet de travail.

Tout homme est nécessairement un homme d'affaires, qu'il le veuille ou non. Tous nous avons nos devoirs, une maison à diriger, des dépenses à régler : et les menues affaires sont parfois aussi embrouillées que les grosses.

[1] Économiste anglais.

Le succès dans les affaires dépend bien plutôt — et l y a lieu de s'en féliciter — du bon sens, de l'application et de la régularité que du génie. « Suffisez à votre boutique, dit un vieux proverbe et votre boutique vous suffira. » Xénophon nous apprend que le roi de Perse ayant rencontré un beau cheval et désirant savoir par quel moyen l'engraisser en peu de temps, demanda aux plus habiles écuyers ce qu'il fallait pour y arriver : « L'œil du maître, » lui répondit-on.

Il est très important d'acquérir de bonnes habitudes pratiques dans les affaires.

Un de mes plus éminents amis m'affirmait encore récemment, qu'en repassant dans sa mémoire tous les cas où il avait vu échouer des hommes de haute valeur et de caractère supérieur, il n'avait pu attribuer leur insuccès qu'à ce fait, qu'ils avaient généralement été lents à agir, irréguliers, incapables d'associer de bon cœur leurs efforts aux efforts des autres, têtus, et, en somme, avaient manqué de sens pratique.

A toute affaire, petite ou grande, il faut de l'ordre et de la méthode. A chaque chose sa place, voilà la vraie maxime. Rangez tout avec soin. Cela vous évitera bien des pertes de temps. « Le désordre, dit Xénophon, il me semble m'en former une juste idée quand je me représente un laboureur semant pêle-mêle de l'orge, du froment, des légumes, et obligé ensuite, s'il veut un gâteau, du pain, un plat, de faire un triage qu'il devait trouver tout fait au besoin. » — Il cite ensuite comme exemple le cas d'un vaisseau. — « Car si la divinité envoie une tempête sur la mer, ce n'est pas le moment de chercher ce qu'il faut ni de fournir un mauvais équipement. La divinité menace alors et punit les lâches ; si elle est assez bonne pour ne pas perdre des hommes qui ne sont pas essentiellement coupables, il faut lui en savoir gré ; et si elle protège et sauve ceux qui n'ont rien négligé, il faut avoir pour les dieux la plus profonde reconnaissance. »

Les philosophes, en grand nombre du moins, depuis Aristote jusqu'à Carlyle, ont décrié ceux qui s'occupent de commerce ou d'affaires ; ou plutôt le commerce et les affaires mêmes, comme besognes mesquines et même avilissantes. Platon refusait aux marchands tout droit civique dans sa république. Une occupation aussi avilissante était abandonnée aux étrangers, si toutefois ils consentaient à s'en charger. Mais puisque le commerce sera toujours nécessairement l'affaire de beaucoup d'hommes, il serait infiniment regrettable qu'il eût par lui-même une influence néfaste sur le caractère et qu'il fût inconciliable avec la haute culture.

Il est certain que des hommes absorbés par les affaires ont peu de temps à accorder à d'autres poursuites ; mais en me contentant d'emprunter mes exemples à la science et à la littérature, il me suffira de nommer Nasmyth, astronome et industriel ; Grote, banquier et historien ; sir J. Evans, fabricant de papier, Président de la Société des Antiquaires et Trésorier de la Société Royale ; Prestwich, négociant, puis Professeur de géologie à Oxford ; Rogers, banquier et poète ; Praed, banquier et poète. Me sera-t-il permis d'ajouter à ma liste le nom de mon père, banquier et mathématicien, pendant plusieurs années Trésorier et Vice-Président de la Société Royale ?

Carlyle proteste avec force contre la doctrine qui veut qu'on achète dans le marché le plus avantageux et qu'on vende dans le plus cher.

Il demande, sans s'expliquer davantage, qu'on fixe un prix minimum d'achat et de vente, pour le coton par exemple, et sans doute pour les autres marchandises.

Voici selon lui le langage que nous devrions tenir : « Nous ne voulons pas fabriquer du coton meilleur marché que les autres nations afin d'en vendre davantage ; nous cesserons de vendre moins cher qu'elles ; nous nous entendrons pour vendre au même prix. » Idées impraticables et chimériques. Si nous vendons moins de coton, nous achèterons moins de nourriture. Carlyle lui-même reconnaît d'ailleurs que moins le prix d'une denrée est élevé, plus on en vend : de sorte que si l'on appliquait sa règle, il y aurait des gens qui tout en ayant besoin de vêtements, n'auraient pas de quoi s'en acheter au prix majoré. Nous pourrions fort bien nous contenter d'un prix moindre, et cependant il nous défend de l'accepter, ce qui, dans une certaine mesure, priverait les uns de vêtements et les autres de nourriture. L'essence même du commerce consiste à échanger ce que l'on peut fabriquer à bas prix contre ce que l'on ne peut pas fabriquer dans de bonnes conditions. Acheter le meilleur marché possible et vendre le plus cher possible, n'est donc pas seulement la règle inévitable du commerce, mais la plus profitable pour tous. Car on achète à ceux qui ont le plus besoin de vendre et l'on vend à ceux qui ont le plus besoin d'acheter. Toute autre façon d'agir ferait songer au proverbe « porter de l'eau à la rivière ».

Quelques-uns des hommes les plus illustres, les plus heureux et les meilleurs ont vécu dans la pauvreté. Wordsworth vécut des années avec sa sœur d'une rente de trente-sept francs par semaine, et cette période fut une des plus heureuses de son existence.

Si vous n'avez pas le bonheur d'être riche, le souvenir et l'affection n'en feront pas moins peut-être de quelque humble retraite, de quelque petite maison, de quelque figure chérie, un monde qui vous suffira.

Il n'y a pas d'erreur plus répandue que la croyance exagérée à la puissance de l'argent.

S'agit-il de la nourriture ?

« Si le riche veut bien se porter il doit vivre comme un pauvre[1]. » Un dîner simple et bien préparé vaut le festin le plus somptueux. La

[1] Sir R. Temple.

nourriture la plus saine et la plus savoureuse ne coûte que peu de chose lorsqu'elle est de saison, et hors de saison n'a aucun goût. Un œuf frais est un vrai festin.

S'agit-il des livres ?

Il faut que l'on soit bien bien pauvre pour ne pas pouvoir s'acheter tout ce que l'on peut désirer lire. Les meilleurs livres : la Bible, Shakespeare, Milton, etc., ne coûtent aujourd'hui qu'un prix dérisoire.

Et l'argent peut-il nous procurer la santé, le génie, des amis, la beauté ou la paix du ménage ?

« Le duc de Tsé, nous dit Confucius, était immensément riche et personne ne l'aimait. Peï-ké est mort de faim et aujourd'hui encore le peuple le pleure. »

« Les hommes qui ont de très grandes fortunes, dit Bacon, ne se connaissent pas eux-mêmes : au milieu de leurs affaires embrouillées, ils n'ont pas le temps de s'occuper de leur santé, soit de corps soit d'âme. »

Toutes les chaînes sont pesantes, même lorsqu'elles sont en or.

L'argent est sans doute une grande cause d'inquiétudes : comme la pauvreté, il entraîne bien des soucis et trop souvent les riches sont les esclaves plutôt que les maîtres de leur fortune.

Plus d'un riche a dû sa ruine morale à son or. Les riches connaissent parfois plus de soucis dans leur palais que le pauvre dans sa cabane : les sages seuls savent trouver leur bonheur dans la richesse. Et celui qui est trop pressé de s'enrichir sera toujours pauvre. « Il y a probablement plus de bonheur à vivre dans une maison modeste et à pouvoir être étonné de la splendeur d'un palais, qu'à habiter un palais et à ne plus pouvoir être étonné de rien, » dit Ruskin.

Pour jouir de ses richesses, il faut n'y point trop penser. « Ayez une suffisance, dit Sadi et elle vous portera ; ayez trop de richesses et vous aurez à les porter. » « Rien n'est plus misérable, dit Bacon, que d'avoir peu à désirer et beaucoup à redouter. »

> Sois trop riche et tu seras pauvre
> Car tel qu'un âne écrasé sous le fardeau de l'or qu'il porte
> Tu ne feras que transporter tes lourdes richesses jusqu'à la mort,
> Qui viendra te décharger de tout [1].

La richesse mène à l'avarice. On nous l'a dit à l'école : *Crescit amor nummi, quantum ipsa pecunia crescit.* « Le pauvre, dit Sénèque, manque de beaucoup de choses : l'avare de tout. »

On a dit avec esprit que les bons Samaritains seraient plus nombreux, s'il ne fallait pas dépenser l'huile et les deniers de la parabole.

« La recherche fiévreuse et continue de la richesse, dit Bacon, prend trop de temps à ceux qui ont à s'occuper de plus nobles choses,

---

(1) Shakespeare.

car les richesses ne valent que par ce qu'elles ajoutent à la vie, et la vie ne vaut rien si elle est absorbée par la poursuite des richesses. » On a dit que la pauvreté est la fiancée du poète ; et « Celui qui possède un char ailé peut se passer des mulets et de leurs paniers [1] ».

Les expressions dont nous nous servons pour parler de l'argent sont bien significatives. On dit à chaque instant qu'un homme a fait fortune, qu'il est cousu d'or, qu'il roule sur l'or, mais jamais qu'il jouit de son or ; et en effet ceux qui gagnent de l'argent n'en profitent guère eux-mêmes. « Il amasse des biens et ne sait qui les recueillera. » Dans le *Banquet* de Xénophon, Charmidès soutient que pauvreté passe richesse, car : « N'est-ce pas une vérité reconnue qu'il vaut mieux vivre dans la sécurité que dans la crainte, être libre qu'esclave, recevoir des hommages qu'en rendre, avoir la confiance de sa patrie qu'être en butte à des soupçons ? Or dans cette ville-ci, quand j'étais riche je craignais d'abord qu'un voleur n'enfonçât ma maison, ne m'enlevât mon argent et ne fît à moi-même un mauvais parti... A présent je dors paisiblement couché tout de mon long. En ma qualité d'homme libre j'ai le droit de voyager ou de rester ici. Quand j'étais riche on m'injuriait à cause de mes relations avec Socrate. Maintenant que je suis devenu pauvre, personne n'en prend aucun souci. Quand je possédais de grands

---

(1) Emerson.

biens, j'étais malheureux, parce que je me voyais enlever par l'État mes biens ; à présent je ne perds rien puisque je n'ai rien, et j'ai toujours l'espoir de gagner quelque chose. »

Il y a beaucoup de vrai dans ce que disait Charmidès, mais ce n'est pas toute la vérité. D'ailleurs Charmidès en disant cela sortait d'un bon dîner qu'avaient charmé les accords de la musique.

Bien employé l'argent peut faire beaucoup de bien. L'or est la puissance. L'or disait un spirituel Français, est le roi des rois. L'argent nous donne les moyens d'acquérir ce que nous désirons avoir. Si le grand air, une maison agréable, des livres, la musique, sont des biens, l'argent peut nous les acheter. Si le loisir est un bienfait, l'argent nous permet de nous en procurer ; si voir le monde est une chose charmante, l'argent peut nous donner les moyens de voyager ; si pouvoir aider nos amis, et soulager la détresse d'autrui est un privilège, l'argent nous procure cette grande joie. « Par conséquent, disait Swift, ayez-en, mais donnez-lui votre pensée et non votre cœur. »

L'avare est un homme qui aime l'argent pour l'argent même et qui pousse l'économie à l'excès, jusqu'à devenir une simple machine à amasser de l'or. Une des leçons que la vie doit nous apprendre est de nous défendre contre tout souci bas et mesquin, et l'amour de l'argent est un des plus bas.

La grande chose est de se servir sagement de ses richesses. « Tel répand son bien qui l'augmentera encore davantage; et tel le resserre plus qu'il ne faut qui sera dans la disette¹. »

L'épitaphe célèbre d'Edward Courtenay, comte de Devonshire dit :

> Ce que nous donnâmes nous l'avons toujours.
> Ce que nous dépensâmes, nous l'avons eu.
> Ce que nous avons laissé, nous le perdîmes.

Ou pour citer une variante de la même idée :

> Ce que j'ai économisé, je l'ai perdu
> Ce que j'ai dépensé, je l'ai eu.
> Ce que j'ai donné, je l'ai toujours.

Soyez généreux mais sans extravagance. « Tel se fait riche qui n'a rien du tout, et tel se fait pauvre qui a de grands biens. Celui qui a pitié du pauvre prête à l'Eternel, et il lui rendra son bienfait². »

Le conseil que le Christ donna au jeune riche peut être considéré comme ne regardant que lui, car il faut songer à nos enfants aussi bien qu'aux pauvres. Vos rentes sont à vous; mais le capital que vous avez reçu de vos ancêtres n'appartient pas à vous seul.

« Recommande aux riches de ce monde de n'être point orgueilleux, de ne point mettre leur confiance dans l'instabilité des richesses, mais de la mettre dans le Dieu vivant qui nous donne toutes choses abondamment pour en jouir.

« De faire du bien, d'être riches en bonnes

---

(1) *Proverbes.*
(2) *Proverbes.*

œuvres, prompts à donner et à faire part de nos biens, s'amassant ainsi pour l'avenir un trésor placé sur un bon fonds afin d'obtenir la vie éternelle[1]. »

Ce n'est pas l'argent, mais l'amour de l'argent qui, selon la Bible, est la racine de tout mal. « Si vos richesses s'accroissent, ne les aimez pas. » Dans le sermon sur la montagne on trouve la même parole : « Ne vous amassez pas de richesses sur la terre où les vers et la rouille gâtent tout, et où les larrons percent et dérobent. Mais amassez-vous des trésors dans le ciel où les vers ni la rouille ne gâtent rien et où les larrons ne percent ni ne dérobent. Car où est votre trésor, là aussi sera votre cœur. »

(1) Saint Timothée.

CHAPITRE IV

DE LA RÉCRÉATION

« A toujours travailler, à ne jamais s'amuser, dit un proverbe anglais, un enfant devient sot. » Et s'il travaille toujours à la maison sa santé sera délicate, et devenu homme il sera faible. Les jeux sont loin d'être une perte de temps. Ils ont une très grande importance puisqu'ils développent le corps, surtout les bras et la poitrine, qui souffrent et pâtissent généralement dans la plupart de nos professions.

Les jeux ne préservent pas seulement la santé, mais donnent plus de courage pour le travail. Ils apprennent aux hommes à s'entendre ensemble, à ne point s'obstiner aux bagatelles, à ne point trop profiter de leurs avantages, à agir avec loyauté. Ils donnent la santé morale en même temps que la santé physique, l'audace et la résistance à la fatigue, la domination de soi et la bonne humeur ; toutes qualités que les livres n'enseignent pas. Le duc de Wellington disait avec raison que la bataille de Waterloo a été gagnée dans les champs de récréation d'Eton. Les meilleures leçons de nos grandes écoles et les plus utiles sont celles que nos enfants apprennent en jouant. Mais il faut que les jeux soient un amusement et non une occupation.

Quant à l'importance des jeux au point de vue de la santé, je citerai l'opinion de deux de nos plus grandes autorités en matière d'hygiène. « Les jeux, dit sir James Paget... exercent une influence morale des plus bienfaisantes dont les effets s'étendent jusqu'à nos occupations journalières et à nos affaires. Car, sans alliage de motif intéressé d'aucune sorte, ils font collaborer à un même but des hommes faits et des adolescents; ils leur enseignent à accepter comme camarades tous ceux qui loyalement travailleront avec zèle à une même tâche; ils leur apprennent cette précieuse faculté d'associer leurs efforts aux efforts d'autrui, qui est un si puissant moyen de réussir dans la vie. Et par tradition, sinon par leur nature même, ils donnent l'habitude de la loyauté, car tous reconnaissent qu'il est honteux d'être déloyal, quelque grands que soient les intérêts en jeu, et ceux qui ont l'habitude de jouer loyalement auront de la loyauté dans leurs rapports d'affaires. Ceux qui ont acquis le sentiment très fin de ce qui est honorable dans le jeu, apprendront plus facilement à mépriser tous ces petits moyens qui échappent en vérité aux lois, mais sont condamnés par le sentiment. »

Le professeur Michael Foster, secrétaire de la Société Royale, dans une conférence récente nous a appris « que même dans le travail musculaire, la lassitude provient surtout du cerveau;

et tous connaissent une lassitude du cerveau qui n'est pas due aux muscles. Tout conduit à nous prouver que le travail cérébral, comme le travail musculaire, est accompagné de changements chimiques ; que ces changements chimiques, autres par certains côtés, sont de même ordre dans le cerveau et dans les muscles, et que le peu d'ampleur de ces changements dans le cerveau est compensé et au delà par la sensibilité excessive de la substance nerveuse...

« Si un courant continu de sang pur est nécessaire à la vitalité du muscle, afin d'en renouveler la force en le débarrassant des produits toxiques accumulés par l'effort, ce courant est encore plus nécessaire au cerveau, et le meilleur moyen de réagir contre cette intoxication est à coup sûr plutôt de stimuler l'activité régénératrice des parties humbles, que de vouloir développer la puissance d'activité du cerveau même. »

La chasse, la pêche ont fini par accaparer complètement le mot « Sport », qui autrefois signifiait toute espèce de « jeu ». Même ceux qui ne demandent pas leurs amusements à ces exercices en sentent encore la fascination. Nous avons hérité des goûts de nos ancêtres, qui non seulement vivaient dans ce monde pour et par le sport, mais considéraient que c'était ce qui faisait le bonheur de l'autre monde.

On a beaucoup parlé de ce que nous devons à l'eau pure, mais notre dette à l'air n'est pas moindre. Quelle merveille que l'air ! Il pénètre notre corps tout entier, il baigne notre peau d'une substance si délicate que nous sommes inconscients de sa présence, et cependant si puissante qu'elle transporte nos vaisseaux par-dessus les mers, et la pureté des mers et des montagnes jusqu'au cœur de nos villes. C'est lui qui nous apporte les sons, la voix de ceux que nous aimons et toutes les harmonies de la nature : c'est le vaste réservoir de la pluie qui arrose la terre ; il adoucit la chaleur du jour et le froid de la nuit, arrondit sur nos têtes la voûte magnifique de son azur, et remplit de flamme les ciels du matin et du soir. Il est d'une douceur si exquise et si pure, si tendre et si serviable, que l'on comprend qu'Ariel soit le plus délicat, le plus aimable, et le plus séduisant des esprits de la nature.

On nous parle souvent du mauvais temps, mais en réalité aucun temps n'est mauvais : tous sont agréables, mais de façons diverses. Sans doute, il y a des temps mauvais pour la culture ou les récoltes, mais pour l'homme tout temps est bon. Le soleil est délicieux, la pluie rafraîchissante, le vent nous ragaillardit et la neige nous stimule. Comme le dit Ruskin, « Il n'y a pas de mauvais temps, mais seulement différentes espèces de beau temps. »

Le repos n'est pas nécessairement la paresse. Rester étendu sur l'herbe sous les arbres en été, à écouter le murmure de l'eau, à regarder passer dans le ciel les nuages blancs, n'est nullement une perte de temps.

Le grand air est aussi nécessaire à l'esprit

qu'au corps. La nature semble toujours être sur le point de nous confier quelque grand secret. Et en effet elle nous en confie.

La terre et le ciel, les champs et les bois, les rivières et les lacs, les montagnes et la mer sont la meilleure des écoles : elle nous enseigne ce que les livres ne nous apprendront jamais. Bien plus, si vous allez à la campagne pour canoter sur un cours d'eau, cueillir des fleurs dans les bois, ramasser des fossiles dans les carrières, des coquillages ou des algues sur le bord de la mer, si vous jouez au golf ou au cricket, ou si vous jouissez de l'air et de l'exercice de n'importe quelle façon, vous verrez que non seulement votre santé en sera améliorée, mais que vos soucis disparaîtront ou qu'ils seront du moins diminués. La nature calme, rafraîchit et fortifie. Elle rend l'esprit plus serein, plus gai.

Cependant une vie consacrée au plaisir et aux récréations serait à coup sûr très égoïste et abominablement fade. On ne devrait jamais faire des jeux l'occupation de son existence; mais il n'y a aucune paresse à en jouir avec modération.

Et quels sont les éléments de la Récréation? Il y a de vrais et de faux plaisirs. Platon fait demander à Socrate par Protarque : « Et les vrais plaisirs, Socrate, quels sont-ils? Socrate : Ce sont ceux qui ont pour objet les belles couleurs et les belles figures, la plupart de ceux qui naissent des odeurs et des sons, tous ceux en un mot dont la privation n'est ni sensible ni douloureuse et dont la jouissance est accompagnée d'une sensation agréable sans aucun mélange de douleur. »

Mais si les sens peuvent nous procurer de vrais plaisirs, ce ne sont pas les plus élevés. « Philèbe dit donc que le bien pour tous les êtres animés consiste dans la joie, le plaisir, l'agrément et toutes les autres choses de ce genre. Je soutiens au contraire que ce n'est pas cela, et que la sagesse, l'intelligence, la mémoire et tout ce qui est de même nature, l'opinion droite et le raisonnement vrai, sont meilleurs et plus estimables que le plaisir pour tous ceux qui les possèdent, et ce qu'il y a de plus avantageux pour tous les êtres présents et à venir capables d'y participer. »

Les vrais plaisirs sont presque innombrables : nos parents et nos amis, la conversation, les livres, la musique, la poésie, l'art, l'exercice, le repos, toutes les beautés variées de la nature, l'été et l'hiver, le matin et le soir, le jour et la nuit, le soleil et la tempête, les champs et les bois, les fleuves, les lacs, les mers, les animaux et les plantes, les arbres et les fleurs, les feuilles et les fruits, n'en sont qu'une faible partie.

Nous sommes seuls coupables si la vie ne nous procure pas de plaisirs. « Tous peuvent jouir, si peu savent créer. »

Une bonne heure de causerie me paraît un des meilleurs plaisirs de l'existence. C'est un tonique admirable, une vraie nourriture du corps et de l'esprit. Herrick parle avec une chaude reconnaissance de sa dette à Ben Jonson et décrit avec vivacité leurs soupers :

> Alors nous avions des réunions telles
> Que nous devenions ivres d'une noble ivresse.
> Et cependant un seul vers de toi
> Faisait oublier les mets,
> Faisait oublier les joyeux vins.

Lorsque Johnson voulait décrire une soirée agréable : « Monsieur, disait-il, nous avons bien causé. » Et souvent une heure passée à causer avec Darwin ou Lyell, Kingsley ou Ruskin, Huxley ou Tyndall, m'a fait autant de bien qu'un bain de grand air.

Il y a peu de dons plus inégalement partagés entre les hommes que l'art de la conversation. J'ai connu des hommes fort distingués, des hommes fort intéressants parfois, dont on ne pouvait rien tirer que de force. Un causeur spirituel est partout le bienvenu. Comme tout autre art, l'art de la conversation exige qu'on le cultive. Personne n'y pourra exceller sans pratique.

« Le premier élément de la bonne conversation, dit sir R. Temple, est le souci de la vérité, le second le bon sens, le troisième la bonne humeur, et le quatrième esprit. » Et parmi ces éléments les trois premiers au moins sont à la portée de tous.

Beaucoup de gens ont appris par la conversation la moitié de ce qu'ils savent. « Celui qui pose souvent des questions, dit Bacon, apprendra beaucoup et plaira généralement, mais surtout s'il approprie ses questions au genre d'esprit des personnes qu'il interroge ; car il leur fournira l'occasion de trouver du plaisir à parler et son esprit s'enrichira sans cesse. »

Nous ne cultivons pas suffisamment chez nos enfants ni même chez nous le sens esthétique. Et cependant y a-t-il aucun plaisir qui soit plus pur, moins coûteux, plus accessible, plus universellement présent que celui-là ? Tel homme éprouvera la joie la plus intense à contempler un paysage, des arbres, des fruits, des fleurs, le ciel bleu, les nuages blancs, la mer étincelante, le lac moiré, les luisantes rivières, les ombres qui parcourent les hautes herbes, la lune et les étoiles, la nuit. A tel autre tous ces prestiges ne diront rien. C'est en vain que pour lui brillent la lune et les étoiles; il peut contempler sans plaisir les oiseaux et les insectes, les arbres et les fleurs, les rivières, les lacs et le soleil.

« Car c'est à l'âme que tout corps emprunte sa forme, — car l'âme est la forme et fait le corps[1]. »

« Nos couleurs artificielles sont assez bonnes pour la splendeur de notre pauvre orgueil, mais ne suffiraient pas à faire les nuances d'une seule guirlande de nuage déchiré qui s'évanouit dans le soir, à peindre une seule plume de l'aile du canard sauvage[2] ». — « Il y a une lumière que l'œil cherche toujours avec

(1) Spenser.
(2) Hamerton.

un sens plus profond du beau, la lumière du jour qui décline ou qui point, et les barres rouges des nuages qui brûlent comme des feux d'alarme au ciel verdissant du couchant³. » Les couleurs du ciel semblent parfois baigner la terre dans une gloire. Il y a des couchers de soleil si beaux, qu'il nous semble voir s'ouvrir devant nous les Portes du Ciel.

Les commentateurs du Talmud nous disent que dans la Manne chacun trouvait le goût qu'il préférait; de même dans la nature chacun trouvera sans effort ce qui lui procure la jouissance la plus intense.

Je n'ai nullement l'intention d'essayer de dresser une liste complète des vrais plaisirs. Et puisque les plaisirs innocents sont si nombreux, pourquoi en rechercher de malsains ou de douteux? Epuisez du moins tout d'abord les meilleurs. Vous aurez alors tout le temps de penser aux autres.

Ceux qui, pour employer une phrase courante, ont vu la « vie » et croient connaître le « monde », se trompent bien souvent. Ils connaissent moins les vraies réalités que tel paysan qui n'a jamais quitté son village, mais a su regarder autour de lui avec clairvoyance.

Une vie égoïste, une vie de « plaisir », comme on l'appelle, bien à tort, est une misérable contrefaçon du bonheur. Ceux qui s'y laissent entraîner et en souffrent se plaignent

---

(1) Ruskin.

du « monde ». Ils sont seuls à blâmer. « Lorsque les plaisirs nous ont épuisés, nous croyons avoir épuisé les plaisirs [1]. » — « Je suis jeune : j'arrive, dit Musset [2], A moitié de ma route, Déjà las de marcher, je me suis retourné. »

Quelle confession mélancolique ! S'il avait vécu sagement, il aurait pu regarder en arrière avec reconnaissance et en avant avec espoir.

(1) Vauvenargues.
(2) *Vœux stériles.*

CHAPITRE V

DE LA SANTÉ

Les conditions mêmes de notre vie présente ont donné aux questions d'hygiène une importance toute particulière. Plus que nous, nos ancêtres vivaient au grand air, à la campagne, de professions agricoles.

Aujourd'hui, nous sommes bien plus ramassés dans les villes, nous travaillons bien plus dans des maisons, des boutiques et des fabriques : nos occupations sont sédentaires et nous donnent de mauvaises habitudes musculaires, tout en exigeant de nous une dépense nerveuse et cérébrale bien plus forte. Il est malheureusement assez certain que les habitants de nos grandes villes sont moins vigoureux que leurs ancêtres. Il est impossible de traverser les quartiers pauvres de nos grandes villes sans être frappé du manque de vitalité, de la pâleur, de l'air chétif des hommes et des femmes que l'on y rencontre. D'ailleurs, nos précautions sanitaires mêmes sont dans une certaine mesure un danger, puisqu'elles font vivre bien des êtres peu viables ou maladifs. Mais la misère et la souffrance que cause la maladie pourraient souvent être combattues efficacement par une connaissance élémentaire des lois hygiéniques. Depuis les temps les plus reculés les hommes d'État prévoyants se sont occupés de la question de santé. Tous ont compris l'importance de la maxime : *Mens sana in corpore sano.*

Le souci de notre santé est un devoir sacré. On prétend parfois que les règles d'hygiène formulées par Moïse font une partie considérable de son enseignement religieux. Je ne puis pas me ranger à cet avis. Rappelons-nous que la Bible est un code de lois de toute espèce, de lois civiles et sociales en même temps que religieuses.

Cependant les lois de l'Hygiène pour n'avoir pas fait partie de la religion, n'en sont pas moins un corollaire nécessaire. « Comment ! ne savez-vous pas que votre corps est le temple du Saint-Esprit qui est en vous et qui vous a été donné de Dieu, et que vous n'êtes point à vous-mêmes [1] ? »

La vénération de l'Egyptien pour le corps était plus sage que le mépris que lui témoignait le moyen âge, et il n'y a aucune vertu, mais plutôt le contraire, à se couvrir de haillons et à vivre dans la crasse.

« Les Grecs considéraient que l'éducation physique, au même titre que l'éducation intellectuelle, était une science et une étude. Leurs femmes s'exerçaient aux jeux de grâce et même aux jeux athlétiques. Ils ont produit

---

(1) Saint Paul.

par leur existence libre et vigoureuse ces corps qui sont encore aujourd'hui les modèles éternels de la beauté humaine [1]. »

Propreté vaut sainteté, dit un vieux proverbe, et les découvertes modernes de la médecine confirment le vieux dicton et en expliquent la sagesse.

Nous savons aujourd'hui que beaucoup de maladies ne sont pas primitivement le fait d'une condition morbide des tissus, mais sont de véritables invasions d'organismes inférieurs: que le choléra, la petite vérole et beaucoup d'autres maladies, ne naissent pas d'elles-mêmes, mais de germes qui s'installent en nous. Cela explique l'immense importance de la propreté, non seulement en ce qui nous concerne personnellement, mais en ce qui regarde nos maisons, les vêtements que nous portons, l'eau que nous buvons et l'air que nous respirons.

Quel miracle perpétuel que le corps humain ! Réfléchissez un instant au trésor immense de connaissances accumulées dans le cerveau ; avec quelle rapidité, avec quelle sûreté les muscles ne répondent-ils pas aux impulsions de la volonté !

La peau est un tissu d'une délicatesse et d'une complexité extraordinaire, construit au moyen de millions de cellules et contenant des kilomètres de veines, de réseaux capillaires et autres, et de nerfs. Elle se renouvelle

---

(1) Kingsley.

sans cesse, et pour accomplir convenablement ses fonctions, elle exige qu'on en ait soin et qu'on ne ménage pas l'eau pour son entretien. L'emploi de la brosse à friction est à peine moins nécessaire pour la peau que pour les cheveux. Pour assurer le bon fonctionnement de ce merveilleux organisme il faut en exercer toutes les parties

On peut dire de bien des malades, ce que Milton disait de Hobson : « La paresse était sa principale maladie. »

« Le luxe de Capoue amollit l'âme d'Annibal, que ni les neiges ni les Alpes n'avaient pu vaincre. Vainqueur par les armes il fut vaincu par le plaisir[1]. »

Les sens, malgré tous les plaisirs innocents qu'ils nous font goûter, peuvent, si on leur cède, nous mener droit à tous les écueils de la vie, à la ruine, comme les Sirènes de la légende. Nous devons beaucoup de nos maladies à nos erreurs de nourriture. Ce mot : « la boisson » a fini par devenir synonyme d'alcool, ce pire fléau des races septentrionales. Il est parfois précieux comme médicament, mais la tentation d'en abuser est si forte, qu'on lui doit la moitié des crimes et de la misère de l'Angleterre. L'eau n'a jamais causé aucun crime, mais on peut dire que l'alcool, c'est du crime en bouteilles. « Là où Satan ne peut pas aller lui-même, dit un proverbe juif, il envoie le vin. »

---

(1) Sénèque.

« Le vin, dit Pline, fait trembler la main, couler les yeux, trouble nos nuits, nous empoisonne l'haleine, et détruit notre mémoire. » Sir W. Raleigh cite ce passage, puis ajoute : « Quiconque aimera le vin n'aura jamais la confiance de personne, car il est incapable de garder un secret. Le vin fait d'un homme pis qu'une brute : un fou. Et si tu l'aimes, ta propre femme et tes enfants et tes amis et mépriseront. »

Shakespeare condamne souvent, et en termes excellents, la boisson.

Faut-il que les hommes mettent ainsi dans leur bouche
Un ennemi qui leur dérobe toute raison :
Qu'au milieu de la joie, du plaisir, des divertissements
　et des applaudissements,
Nous nous transformions en brutes [1] ?

« Avoir été homme sensé pour devenir d'abord un sot, puis une brute ! » Mais en parlant ainsi on me paraît calomnier les brutes.

Et d'autre part quelle riche récompense nous procure la modération !

Bien que j'aie l'air très vieux, je suis cependant fort et
　plein de vigueur encore,
Car dans ma jeunesse jamais je n'ai versé
Des liqueurs brûlantes et indomptables dans mon sang.
C'est pourquoi ma vieillesse est pareille à un hiver rude,
Glacial, mais sain [2].

On s'étonne que le vice de l'alcoolisme ne

---

(1) Shakespeare.
(2) Shakespeare.

soit pas plus souvent condamné par la Bible. Il faut se rappeler que ce vice est moins fréquent dans les pays chauds que dans nos climats. Cependant Salomon l'a dénoncé. « A qui sont ces plaintes : Malheur à moi ? à qui les débats ? à qui le bruit ? à qui les blessures sans cause ? à qui la rougeur des yeux ? A ceux qui s'arrêtent auprès du vin et qui vont chercher le vin mixtionné. Ne regardez point le vin quand il est rouge, quand il fait voir sa couleur dans la coupe et qu'il coule aisément. Il mord par derrière comme un serpent et pique comme un basilic[1]. »

Il y a des raisons de croire que l'alcoolisme diminue. Les occasions plus nombreuses de jouir des plaisirs intellectuels, de la musique, devenue plus accessible de nos jours, des livres, des tableaux, un bien-être général plus grand, voilà quelques-unes des causes qui ont déjà fortement encouragé la modération.

Mais si l'on voit immédiatement les torts de l'alcool, il ne faut pas non plus oublier que nous mangeons aussi beaucoup trop. Il est probable que neuf personnes sur dix tombent dans cette erreur, et se font du mal par leur manque de modération. Un festin de temps en temps ne fait pas de mal : ce qui alourdit et rend malade, c'est l'habitude de manger plus qu'il ne faudrait. Il est très facile de trop manger : il est difficile de manger trop peu.

(1) *Proverbes.*

La modération devrait être la règle fondamentale de l'existence, elle est une force, non une faiblesse : elle suppose la domination de soi.

Ne restez pas trop longtemps à table, mais ne vous pressez pas en mangeant. On dit qu'il faut toujours avoir faim en se levant de table. Le cerveau ne peut pas travailler si l'estomac est chargé. Après dîner, reposez-vous un peu, dit le proverbe ; mais c'est une singulière existence que celle qui vous obligerait à vous reposer d'un repas à l'autre. Mangez pour vivre, mais ne vivez pas pour manger. Abrégez vos repas et vous prolongerez votre vie. Plus vous diminuerez la quantité de votre nourriture, mieux vous pourrez travailler du cerveau.

Un estomac peu chargé rend le cœur léger. Mangez trop et vous serez toujours de mauvaise humeur. Les gens souffrent plus souvent d'une mauvaise digestion que de toutes les autres maladies réunies.

« Gardez-vous bien, dit Bacon, de tout changement subit dans les parties essentielles de votre régime, et si la nécessité vous y oblige, ayez soin d'y approprier tout le reste de votre façon de vivre. Avoir l'esprit libre et l'humeur enjouée aux heures des repas et du sommeil, est un des préceptes dont la pratique contribue le plus à la prolongation de la vie. »

Etant donné notre existence sédentaire, tout le temps que nous passerons au grand air sera bien dépensé. Ces heures-là non seulement méritent d'être comptées dans la vie mais la prolongeront. C'était un excellent proverbe des Romains, « in acre salus ». Vous ne pouvez pas passer trop de temps dehors.

L'eau pure est aussi nécessaire à la santé que le grand air. Usez-en abondamment pour l'usage interne comme pour l'usage externe ; même des soins qui peuvent paraître peu importants, tels que les soins de la bouche, ajoutent beaucoup à notre bien-être.

La santé dépend bien plutôt de nos habitudes et de notre régime que des médicaments. Nos ancêtres prenaient des drogues pour se garantir contre la maladie ; non seulement la Faculté, mais Bacon même en préconisaient l'emploi. C'était cependant là une erreur capitale. Locke a été le premier, semble-t-il, à démontrer l'inutilité de cette coutume. Nous n'aurons pas souvent besoin de nous acheter des médicaments si nous savons nous conformer aux règles de l'hygiène.

Laissez le champ libre à la Nature et laissez-la faire. « Ne gênez pas le principe vital, disait Napoléon ; donnez-lui l'occasion de se défendre ; il sera plus puissant que toutes les drogues. »

Beaucoup d'air, beaucoup d'eau et un régime sensé, voilà les vrais moyens d'acquérir la joie si précieuse de la vraie santé et de la force : ils nous conserveront jusqu'à une vieillesse avancée toute la vivacité de la jeunesse. Mais la santé ne dépend pas seulement du corps. « La colère, la haine, la tristesse et la crainte sont les influences les plus néfastes et qui dépriment le plus notre vitalité[1]. » Et d'autre part, la gaieté, la bonne humeur et la paix d'âme sont des éléments très puissants de santé.

On nous dit que Lycurgue consacra dans toutes les salles à manger des Spartiates une petite statue au dieu du Rire.

Lorsque nous sommes indisposés, la moindre chose ébranle notre système nerveux ; les moindres ennuis prennent des aspects de catastrophe. C'est une preuve certaine que nous avons besoin de repos et de grand air. Nous entendons souvent parler du surmenage des enfants ou dire que des hommes faits se sont tués à force de travailler. Le plus souvent ce n'est pas le travail, mais un état fiévreux, l'anxiété et les soucis qui nous minent. La paresse, la débauche et les jouissances égoïstes ont détruit plus d'hommes que le travail. Le cerveau exige de l'exercice comme les muscles. Si vous prenez l'habitude des heures régulières, de la modération et du sage emploi de votre temps, le travail même prolongé, pourvu qu'il ne dépasse pas vos forces, vous fera plus de bien que de mal.

Presque tous, tôt ou tard, nous connaissons les insomnies. Rien n'est plus déprimant ; on a une sensation perpétuelle de malheur ; de petites difficultés, que l'on aurait généralement du plaisir à vaincre, paraissent alors insurmontables : l'esprit semble éviter toute image

---

(1) Dr Richardson.

agréable pour ne plus songer qu'à tout ce qu'il y a de triste ou de manqué dans notre vie. Ne désespérez pas cependant. Je crois que l'insomnie n'a jamais tué personne. Surtout ne vous laissez pas aller à prendre des soporifiques : c'est là le vrai danger. Restez le moins possible à la maison et le plus possible dehors : ne vous inquiétez de rien et soyez sûr que vous finirez par retrouver le sommeil. Si vos insomnies n'ont pas été trop prolongées, elles vous auront même été utiles, puisqu'elles vous auront appris cet inappréciable bienfait du sommeil, dont nous ne sommes pas toujours suffisamment reconnaissants.

Beaucoup de maladies sont dues à l'esprit. Les médecins n'ont pas seulement à s'occuper des symptômes physiques d'un mal ; ils ont souvent à répondre à la question de Macbeth[1] :

Tu ne peux donc pas traiter un esprit malade,
Arracher de la mémoire un chagrin enraciné,
Effacer les ennuis écrits dans le cerveau,
Et, grâce à quelque doux antidote d'oubli,
Débarrasser le sein gonflé des dangereuses matières,
Qui pèsent sur le cœur.

D'ailleurs la santé n'est pas seulement une des principales conditions du bonheur ; elle est nécessaire pour bien travailler. Il n'est pas seulement sot, mais égoïste de la négliger.

Il est impossible de bien travailler, du moins de faire de notre mieux, si nous sommes surmenés. C'est d'ailleurs une bien mauvaise

---

(1) Shakespeare. *Macbeth.*

politique que de dépasser ses forces, car tout travail fait dans ces conditions exigera plus tard une période de tranquillité et de repos ; votre besogne ne sera jamais de bonne qualité, on y verra les traces d'une irritabilité, d'une faiblesse ou d'un manque de jugement quelconques. Et si l'on est forcé de collaborer avec autrui, les occasions de frottements et de malentendus seront bien plus fréquentes. Essayez seulement de faire une esquisse quand vous êtes dans cet état inférieur. Vous verrez que votre main tremblera et ne répondra pas à votre volonté. Il n'y a pas là seulement de la fatigue musculaire, mais surtout de l'épuisement nerveux. Il faut prendre plaisir à son travail ; et pour cela il faut travailler régulièrement et énergiquement mais non continuellement. Il ne faut négliger ni la nourriture, ni le repos, ni l'exercice, ni les vacances.

Les effets déprimants et affaiblissants de la mauvaise santé sont profonds, surtout quand on en est soi-même responsable. Cependant bien des gens sont destinés, sans qu'il y ait de leur faute, à souffrir toute leur vie. Mais il arrive souvent que la nature compense cette faiblesse du corps en accordant plus de clarté et de gaieté à l'esprit. Nous avons tous connu des gens condamnés à souffrir sans cesse, dont la gaieté et la bonne humeur n'étaient pas seulement une leçon pour ceux qui se portent bien ; bien plus, leur vie semblait trouver une beauté et une consécration dans la douleur même.

CHAPITRE VI

DE L'ÉDUCATION NATIONALE

Depuis les temps les plus reculés tous les sages ont affirmé l'importance de l'éducation.

« De tous les trésors, dit l'Hitopadésa, la connaissance est la plus précieuse, car elle ne peut être ni dérobée, ni aliénée, ni détruite. » — « L'éducation, dit Platon, est la plus belle chose que les meilleurs des hommes puissent acquérir. »

Montaigne disait que « l'ignorance est la mère du mal ». — « La science, disait Fuller, est l'aumône la plus haute que l'on puisse faire. » — « Pouvoir sans savoir, disait un moraliste français, est fort dangereux. » La vie d'un ignorant sera toujours relativement sans intérêt. On a eu raison de dire que l'homme a besoin de science non seulement pour assurer sa vie, mais pour vivre.

Pétrarque disait que ce qu'il aimait par-dessus tout, c'était *apprendre* et nul doute que Shakespeare n'ait exprimé sa propre opinion dans les paroles qu'il attribue à lord Say :

L'ignorance est une malédiction de Dieu,
La science, l'aile qui nous fait monter jusqu'au ciel.

Salomon, dans un très beau passage, nous dit :

« Heureux l'homme qui a trouvé la sagesse, qui avance dans l'intelligence : car le trafic qu'on peut faire d'elle est meilleur que le trafic de l'argent et le revenu qu'on en peut tirer vaut mieux que l'or fin. Elle est plus précieuse que les perles et toutes les choses désirables ne la valent pas. Il y a des longs jours dans sa main droite et des richesses et de la gloire dans sa gauche. Ses voies sont des voies agréables et tous ses sentiers ne sont que prospérité. »

Et plus loin :

« La principale chose, c'est la sagesse. Acquiers de la sagesse et sur toutes les acquisitions acquiers de la prudence [1]. »

Et cependant l'opinion contraire a longtemps prévalu, surtout en ce qui concerne les jeunes filles. Un dicton allemand affirmait que la bibliothèque des femmes était leur armoire, et un autre proverbe dit que les jeunes filles doivent être tenues entre les quatre évangiles ou entre quatre murs. Il y a peu de temps on considérait que ni le peuple ni les nobles n'avaient à se préoccuper de science : c'était l'affaire des prêtres et des moines. Même des hommes pleins de sagesse et de bonté, tels que le Dr Johnson, ont posé comme axiome évident, que si tous apprenaient à lire, il n'y aurait bientôt plus per-

---

[1] *Proverbes.*

sonne pour s'occuper des travaux manuels. Mais le Dʳ Johnson ne se rendait pas compte de la dignité du travail.

Ce fut là une première conception. La seconde fut que l'éducation est une préparation aux affaires; qu'il faut bien se garder d'élever les enfants au-dessus de leur condition; que la lecture, l'écriture, l'arithmétique suffisent aux pauvres.

Cette façon de voir fut étendue à toutes les espèces d'affaires. Hazlitt déclara que les enfants qu'on destinait au commerce devaient se contenter d'une instruction élémentaire. « Tout homme, disait-il, gagnera de l'argent, s'il n'a pas d'autre idée en tête. »

Aujourd'hui nous préconisons l'instruction non seulement afin de faire d'un homme un meilleur ouvrier mais d'un ouvrier un homme meilleur. Victor Hugo a dit, avec raison, « que celui qui ouvre une école ferme une prison ».

« La plupart de nos enfants, disait un homme d'Etat suisse, naissent à la pauvreté mais nous veillons à ce qu'ils ne grandissent pas pour l'ignorance. »

L'année 1870 où la loi sur l'instruction obligatoire fut votée marque une date très importante dans l'histoire de l'Angleterre. A cette époque il y avait 1,400,000 enfants dans nos écoles primaires; aujourd'hui il y en a 5,000,000. Et qu'en est-il résulté? Les statistiques nous l'apprendront. Et d'abord au point de vue criminel : Jusqu'en 1887 le nombre de criminels dans nos prisons a montré une tendance à s'accroître. Pendant cette année la moyenne a été de 20,800. Depuis lors elle n'a fait que décroître. Elle est aujourd'hui de 13,000. Elle a donc diminué, en chiffres ronds, d'un tiers. Mais il faut se rappeler que pendant tout ce temps la population n'a pas cessé d'augmenter. Depuis 1870 elle s'est accrue d'un tiers. Si nos criminels avaient augmenté dans la même proportion, il y en aurait eu 28,000 au lieu de 13,000 ou plus du double. Et alors nos dépenses pour nos prisons et notre police auraient été de £ 8,000,000 au lieu de £ 4,000,000. En ce qui concerne les crimes commis par des mineurs la diminution est encore plus satisfaisante. En 1856 le nombre de jeunes gens condamnés a été de 14,000. En 1866 il y en avait 10,000 ; en 1876, 7,000 ; en 1881, 6,000 ; et d'après les derniers chiffres que j'ai pu me procurer, 5,100. Si nous consultons ensuite les statistiques des pauvres, nous verrons qu'en 1871 on calculait qu'il y avait 47 indigents par 1,000 habitants. Il y en avait eu jusqu'à 52. Depuis, ce chiffre est tombé à 22. Aujourd'hui la proportion est donc réduite de moitié. Nous dépensons pour l'Assistance publique £ 8,000,000 et si le taux précédent avait subsisté nous en dépenserions £ 16,000,000. Donc nos criminels nous auraient coûté £ 4,000,000 de plus et nos pauvres £ 8,000,000 de plus.

Qu'il me soit permis d'ajouter que les statistiques des grands crimes sont encore plus rassurantes. La moyenne des personnes condamnées aux travaux forcés à perpétuité pendant les cinq années 1860-1864 fut de 2,800. Depuis, ce nombre n'a pas cessé de diminuer et l'année dernière n'a été que de 729 soit d'un quart, malgré l'accroissement de la population. Et en effet huit de nos prisons de forçats, devenues inutiles, ont pu être employées à d'autres fins.

Pour prouver combien est étroite la liaison entre le crime et l'ignorance, j'ajouterai que d'après les derniers renseignements que j'ai pu me procurer, sur 157,000 personnes condamnées, 5,000 seulement savaient écrire et lire convenablement ; 520 seulement étaient ce que l'on peut appeler des gens instruits.

NOMBRE DE PERSONNES CONDAMNÉES EN MOYENNE CHAQUE ANNÉE AUX TRAVAUX FORCÉS EN ANGLETERRE ET DANS LE PAYS DE GALLES

PENDANT LES CINQ ANS QUI ONT PRÉCÉDÉ	MOYENNE	POPULATION DE L'ANGLETERRE ET DU PAYS DE GALLES
Le 31 décembre 1859	2,389	19,257,000
— 1864	2,800	20,370,000
— 1869	1,978	21,681,000
— 1874	1,622	23,038,000
— 1879	1,633	24,700,000
— 1884	1,427	26,313,251
— 1889	945	27,830,179
— 1892	791	29,055,550

Le tableau ci-dessus montre d'une façon frappante la diminution progressive et marquée de condamnations graves, et ces chiffres sont d'autant plus remarquables que la population a augmenté dans de fortes proportions.

J'espère cependant que l'on ne m'accusera pas de ne songer qu'au côté pécuniaire de la question. Je n'ai cité ces chiffres que pour répondre à ceux qui sont d'avis que notre éducation nous coûte trop cher.

Je sais bien aussi qu'il faut apporter à ces chiffres, qui ne prétendent à aucune précision scientifique, certains tempéraments, et qu'il y a lieu de tenir compte de beaucoup d'autres circonstances. Malgré cela ils me paraissent fort instructifs et très rassurants.

En réalité une très faible proportion des crimes est due au vice ou aux tentations irrésistibles. Les grandes causes de crimes sont la boisson et l'ignorance. Les bons résultats qu'on a déjà acquis ne sont pas dus seulement à ce fait que les enfants apprennent de bonnes mœurs à l'école, acquièrent des habitudes de propreté et d'ordre, mais aussi et surtout qu'ils sont préservés des mauvaises leçons de la rue et protégés contre le fatal enseignement du criminel et du vagabond.

Il y a lieu de se demander si nous avons trouvé le meilleur système d'éducation nationale. Il y a trois grandes questions auxquelles il faut à chaque instant répondre dans la vie. Cela est-il bien ou mal? Cela est-il vrai ou faux? Cela est-il beau ou laid? Notre éducation devrait nous aider à répondre à toutes ces questions.

Il y a plus de deux siècles Bacon parlait déjà de ceux « qui disent aux hommes d'aller vendre leurs livres pour acheter des fournaises : abandonnant Minerve et les Muses comme étant des vierges stériles et se fiant au seul Vulcain ». Il ne faut point abandonner Minerve et les Muses : mais jusqu'ici nous n'avons pas suffisamment fondé notre enseignement sur la Bible de la Nature.

Savoir lire, écrire et compter ne constitue pas plus une éducation, qu'un couteau, une fourchette et une cuiller ne font un dîner.

On m'a souvent accusé d'attaquer l'éducation classique. Cela est inexact : le grec et le latin sont une partie très importante de toute instruction; il serait absurde d'en vouloir diminuer la valeur ou de les négliger ; mais à eux seuls ils ne suffisent pas, et nous passons trop souvent notre temps, pour citer Charles Buxton, à apprendre quelles expressions auraient employées les beaux esprits d'il y a vingt siècles. En effet, on accorde trop de temps et de soins à la grammaire des textes, si bien qu'on oublie de s'occuper des idées qu'ils contiennent. Et d'après notre système les élèves n'apprennent jamais à parler le latin ou le grec ; de plus — ce qui est le comble de l'absurdité et ce qui rend toute instruction aussi vaine que possible, — on leur apprend à prononcer tout autrement que les Romains ou les Grecs ou même que tout autre peuple moderne, y compris les Écossais.

Notre système ne mène d'ailleurs pas à l'amour des littératures classiques. Thackeray, dans ses notes d'un voyage de Cornhill au Caire, prétend recevoir la visite de la Muse grecque qui lui demande s'il n'est pas réjoui de se trouver à Athènes. Il répond à cette question avec plus de franchise que de courtoisie. « Madame, votre société pendant ma jeunesse me fut rendue si laborieusement désagréable, que je ne puis plus maintenant y trouver quelque charme. »

Mais quelle qu'en soit l'importance, l'étude du latin et du grec n'est qu'une partie de l'instruction. L'expression *Litteræ humaniores* montre jusqu'à quel point autrefois on considérait que toute éducation devait avoir des relations humaines et sa racine dans la sympathie humaine commune à tous. Shakespeare, nous dit-on, savait peu de latin et moins de grec encore. Les livres, malgré tout ce que la méditation et les commentaires y ajoutent parfois, ne sauraient suffire à notre instruction. Celui qui n'a étudié que les livres, qui ne sait rien de la nature ni du monde, ne deviendra jamais un homme complet : il lui manquera toujours quelque chose.

On a dit avec raison qu'une grande partie de notre instruction est aussi peu efficace que « l'action de lire un traité de botanique à un parterre de fleurs pour les faire pousser¹ ».

Il ne suffit pas d'apprendre : il faut aussi savoir désapprendre.

L'instruction n'a pas pour but de faire des avocats, des ecclésiastiques, des soldats ou

---

(1) *Guesses at Truth.*

des professeurs, mais des hommes. « J'appelle Education complète et généreuse, disait Milton, celle qui rend un homme propre à remplir avec justice, habileté, et grandeur d'âme, toutes les fonctions publiques et privées, en temps de paix et en temps de guerre. »

Les philosophes ont toujours été trop prompts à supposer que des questions de faits pouvaient être réglées par des considérations verbales. On connaît la question de Plutarque : Est-ce l'œuf qui a fait la poule ou la poule qui a fait l'œuf? Et une des preuves qu'il cite à l'appui de la dernière hypothèse, c'est qu'on dit toujours l'œuf d'une poule et non la poule d'un œuf.

Il est probable que c'est par suite des défauts dans notre instruction que j'ai signalés plus haut, que si peu de gens continuent à poursuivre leur éducation en sortant de l'école. Sans doute on apprend tant qu'on respire. « Vivez et apprenez toujours, » dit le proverbe ; mais la question est de savoir si nous apprenons n'importe comment, par des bribes que nous ramassons dans des journaux ou des romans, ou si nous poursuivons quelque chose qui ressemble même de loin à une éducation suivie et méthodique.

J'ai donné ailleurs l'opinion d'une très haute autorité sur les résultats qu'on est en droit d'exiger de toute instruction : je citerai ici l'avis semblable du professeur Huxley.

« Une bonne instruction devrait mettre à même un garçon de quinze ou de seize ans de lire et d'écrire sa langue maternelle avec facilité et précision, et un certain sens littéraire puisé dans l'étude de nos auteurs classiques ; de connaître d'une façon générale l'histoire de son pays natal et les grandes lois de la vie sociale ; d'acquérir les éléments des sciences physiologiques et psychologiques et une certaine connaissance de l'arithmétique et de la géométrie. Il devrait également avoir des notions de logique, acquises plutôt par l'expérience que par la théorie. Quant à la musique et au dessin, ce seront pour lui des plaisirs plutôt qu'un travail. »

Beaucoup d'entre nous pourraient souscrire aux phrases de John Hunter le grand anatomiste, car nous avons senti comme lui que : « Etant jeune, j'avais le vif désir de tout savoir sur les nuages, sur l'herbe, pourquoi les feuilles changeaient de couleur en automne. J'observais les fourmis, les abeilles, les oiseaux, les têtards, les chrysalides : je persécutais les gens de questions sur toute espèce de choses qu'ils ignoraient ou dont ils se souciaient peu. »

« Je ne veux dire qu'une chose sur les livres, dit Locke, dans son *Traité sur l'Éducation*, c'est que le commerce des livres, malgré tout ce que l'on dit habituellement, n'est pas à mon avis la partie la plus importante de nos études. Il faut y joindre deux autres choses qui pour une forte part collaborent à nos connaissances ; je veux dire la réflexion et la discussion. La lecture, me semble-t-il, sert surtout à amasser les matières premières dont il faudra rejeter une grande partie comme inutile. Le rôle de la réflexion est de choisir parmi ces matériaux, de les adapter les uns aux autres et, si l'on veut me passer cette métaphore, d'approprier les poutres, d'équarrir et de poser les pierres d'assise et de construire tout l'édifice : et le rôle de la discussion avec un ami, — car il sert peu de discuter avec les autres, — est pour ainsi dire d'examiner la structure, de se promener à travers toutes les pièces, de relever la symétrie et l'accord de toutes les parties, de remarquer les qualités et les défauts de chaque chose. C'est d'ailleurs le meilleur moyen de découvrir ce qui manque et de porter remède aux défauts : la discussion nous fait souvent voir des vérités que nous ignorons et les enfonce dans notre esprit aussi bien que la lecture ou la réflexion. »

CHAPITRE VII

DE L'ÉDUCATION PERSONNELLE

L'éducation a pour rôle de développer harmonieusement toutes nos facultés. Elle commence dès notre enfance, se continue à l'école, mais ne s'y arrête pas. Elle se poursuit à travers toute notre existence, que nous y consentions ou non. Toute la question est de savoir si ce que nous apprenons plus tard est acquis avec sagesse ou complètement à l'aventure. « Tout homme, dit Gibbon, reçoit deux éducations : celle qui lui est donnée et celle qu'il se donne. C'est cette dernière qui est la plus importante. Ce que nous apprenons par nous-même doit en effet nous profiter plus que ce que les autres nous enseignent. » « Personne, dit Locke, n'est devenu véritablement savant ou n'a pu acquérir une vraie supériorité dans aucune science par la seule soumission à la discipline et à la direction d'un maître. » Ceux qui n'ont pas pu se distinguer dans leurs classes ne doivent pas se décourager pour cela. Ce ne sont pas les plus grands esprits qui mûrissent les premiers. Si vous n'avez fait aucun effort il est certain que cela est honteux, mais on ne devrait cependant pas vous décourager de tout effort futur. Si vous avez fait votre possible pour réussir, persévérez et vous finirez par réussir. Ils sont nombreux les hommes qui n'ont pas brillé dans leurs classes et qui, malgré cela, ont atteint aux plus grands succès.

On nous dit que ni Wellington ni Napoléon ne donnaient beaucoup de promesses dans leur enfance, et l'on affirme qu'il en a été de même pour Newton, Swift, Clive, Sir Walter Scott, Sheridan et beaucoup d'autres hommes illustres. Il est donc clair que les élèves les moins brillants ne sont pas toujours ceux qui ont le moins profité de leurs classes.

On a dit que le génie était « la faculté infinie de travailler », et cette réflexion contient une grande part de vérité. Comme le dit Lily dans son savoureux langage : « Si la nature n'y aide pas, tout labeur est vain : mais sans l'étude, la nature est vaine. »

D'autre part, bien des garçons brillants et distingués, par manque de santé, d'application ou de caractère, n'ont point réussi dans la vie, et pour employer la comparaison de Gœthe, « ressemblent à ces plantes qui portent des fleurs doubles, mais pas de fruits ». Ils finissent parfois dans la misère, tandis que des garçons moins doués, mais appliqués, mais d'un caractère mieux trempé, n'ont pas cessé de s'élever et ont fini par occuper des situations importantes à leur honneur et à l'avantage de leur pays.

Certains doutes sur la valeur de l'instruction sont dus, comme l'a fort bien dit le Dr Arnold, « à cette confusion étrange entre l'innocence et l'ignorance dont se leurrent certaines gens. La vérité, c'est que, si vous dépouillez un homme de ses connaissances, vous n'en faites pas un enfant, mais une brute, une des brutes les plus malfaisantes et les plus nuisibles de la création. » Car, comme il le démontre ailleurs, si les hommes négligent le guide le plus sûr de l'existence, ils deviennent les esclaves de leurs passions et tombent en proie aux défauts des deux âges : à l'ignorance de l'enfant, ils ajoutent les vices de l'homme.

Celui dont l'éducation a été bien commencée à l'école ne la laissera pas s'arrêter ensuite.

Le but d'une éducation éclairée est, pour citer les paroles de Salomon, « De faire connaître la sagesse et l'instruction, d'entendre les discours d'intelligence ; de recevoir une instruction de bon sens, de justice, de jugement, d'égalité ; de donner du discernement aux simples, de la connaissance et de la science aux jeunes gens. »

Un homme, dit Thoreau, « s'écartera de son chemin pour ramasser un dollar d'argent, mais négligera les paroles d'or des sages de l'Antiquité que les sages de tous les âges ont approuvées et déclarées véridiques ». Un mélancolique proverbe français dit : « Si jeunesse savait, si vieillesse pouvait. » Une bonne éducation nous donnera la connaissance pendant la jeunesse et la force pendant la vieillesse. « L'expérience, dit Franklin, est une école coûteuse, mais les sots n'apprennent que là. »

Rien n'est plus important dans la vie que de partir du bon pied. Commencez bien et votre progrès deviendra de plus en plus facile et rapide. Si au contraire vous partez mal, vous aurez beaucoup de peine à vous rattraper ensuite. Il est difficile d'apprendre, mais plus difficile de désapprendre.

Essayez de graver dans votre esprit ce qu'il y a de meilleur dans les livres, les hommes, les idées, les institutions. Il ne faut jamais rougir d'être moins savant que tel de nos amis ; mais il faut rougir de n'avoir pas appris tout ce que nous aurions pu apprendre.

L'éducation ne consiste pas uniquement à étudier des langues et à entasser des faits ; c'est quelque chose de plus élevé que l'instruction et de tout à fait différent. L'instruction nous prépare des trésors pour l'avenir, mais l'éducation sème des germes qui rendront au sextuple et au centuple.

Le savoir, tout le monde le reconnaît, est peu de chose en comparaison de la sagesse. Parfois, à la vérité, on n'a pas suffisamment reconnu ses bienfaits. On nous dit, par exemple, que « le savoir s'enorgueillit de ce qu'il sait, et que la sagesse s'humilie de ne pas savoir davantage. » Mais cela n'est pas toujours vrai. Ce sont précisément ceux qui ont le plus appris qui savent combien ils savent peu de choses.

On a dit encore avec peu de justice que les connaissances ne sont « qu'une masse non dégrossie et sans profit, simples matériaux dont se sert la sagesse pour construire ». Il serait cependant bien mauvais architecte, celui qui se soucierait peu de bien choisir ses matériaux. Souvent d'ailleurs des connaissances qui semblaient tout d'abord sans valeur se sont montrées plus tard très précieuses. Savoir c'est pouvoir. « Notre connaissance de l'électricité est une économie de temps ; de l'écriture, une économie de paroles et de mouvements ; des lois sociales, une économie d'argent ; des lois sanitaires, une économie de santé ; des lois de l'intelligence, une économie de fatigue cérébrale. Quant aux lois de l'âme, qui pourrait dire tout ce que nous leur devons[1] ? »

« Pour ce qui touche à la conservation personnelle, à l'entretien de la vie et de la santé, ce qu'il est important de posséder, c'est la Science. S'il s'agit de pourvoir indirectement à cette même conservation personnelle en gagnant sa vie, ce qu'il est important de posséder, c'est la Science. Dans l'accomplissement des fonctions paternelles, le véritable guide dont on a besoin, c'est la Science. Pour l'intelligence de la vie nationale

---

[1] Kingsley.

passée et présente (intelligence sans laquelle le citoyen ne peut diriger sa conduite), la clef indispensable c'est encore la Science. Il en est de même pour ce qui touche aux productions de l'Art et aux jouissances artistiques, sous toutes leurs formes ; là encore la préparation nécessaire, c'est la Science. De même pour la discipline, intellectuelle, morale, religieuse, l'étude la plus efficace, c'est la Science[1]. »

Je citerai aussi l'avis du doyen Stanley : « L'amour désintéressé de la vérité, chose combien rare et bienfaisante ! Nous n'en voyons pas toujours tout de suite les bienfaits ; parfois ce n'est qu'au bout de plusieurs générations que nous voyons toute l'étendue du bonheur que nous devons à des découvertes scientifiques qu'on a poursuivies sans autre motif qu'un amour désintéressé de la vérité. » Salomon a bien raison de dire : « Le sage écoutera et augmentera ainsi sa sagesse. » Il y a bien peu de connaissances entièrement inutiles, peu de choses qu'il n'y ait pas avantage à voir au moins une fois. En réalité il n'y a pas de petites choses, mais de petits esprits.

Il est triste d'avoir à se dire que les auteurs des grandes découvertes restent parfois ignorés ; cela est surtout affligeant parce que nous voudrions pouvoir nous souvenir d'eux avec reconnaissance. Car il est rare que les grands,

---

(1) Herbert Spencer.

inventeurs aient travaillé dans un but intéressé ou par désir de gloire.

Une attention soutenue et une application constante pendant le travail sont absolument indispensables à quiconque veut jouir pleinement de la vie. Si vous n'accordez à votre besogne que la moitié de votre attention, vous y mettrez deux fois plus de temps.

Il est triste de voir combien peu les jouissances intellectuelles ont ajouté jusqu'ici au bonheur de l'homme, Et cependant le sens primitif du mot école (σχολή) est repos ou récréation.

Il y a dans le credo des positivistes bien des choses que je ne puis accepter. Ils ont cependant une noble devise : « L'amour pour principe, l'ordre pour base et le progrès pour but. »

« Il y a, dit Emerson, bien des hommes innocents qui adorent Dieu d'après les traditions de leurs pères, mais dont le sentiment du devoir ne s'est jamais étendu jusqu'à la culture de toutes leurs facultés. »

L'homme est la mesure de toutes choses. Il mesure la hauteur des montagnes et la profondeur de l'Océan en pieds ; notre système d'arithmétique est fondé sur le nombre de nos doigts. Et cependant quelle pauvre chose que l'homme ! quelle pauvre chose ! Et à quelle grandeur cependant n'est-il pas capable d'atteindre !

L'homme, dit Pascal, est « *res cogitans, id est dubitans, affirmans, negans, pauca intel-*

ligens, multa ignorans, volens, nolens, imaginans etiam et sentiens. » Et ailleurs : « L'homme n'est qu'un roseau, le plus faible de la nature, mais c'est un roseau pensant. Il ne faut pas que l'univers entier s'arme pour l'écraser. Une vapeur, une goutte d'eau suffit pour le tuer. Mais quand l'univers l'écraserait, l'homme serait encore plus noble que ce qui le tue, parce qu'il sait qu'il meurt : et l'avantage que l'univers a sur lui, l'univers n'en sait rien. »

Quelles sont les qualités nécessaires pour faire un homme accompli? Un cerveau lucide, un cœur affectueux, un jugement solide, un corps sain. Sans lucidité, nous débrouillons mal les choses ; sans affection, nous risquons d'être égoïstes ; sans santé, nous pouvons peu ; et les meilleures intentions, si le jugement ne vient pas les éclairer, feront plus de mal que de bien.

Si nous désirons louer un ami nous disons que c'est un parfait galant homme[1]. « Qu'est-ce qu'un galant homme? disait Thackeray. C'est un homme droit, doux, courageux et sage, et qui exerce toutes ces qualités avec grâce. C'est, dit-il, chose plus rare qu'on ne croit. »

Le vrai moyen de s'instruire soi-même, dit John Stuart Mill, « c'est de tout examiner avec soin ; de ne jamais reculer devant aucune difficulté ; de n'accepter aucune doctrine, de quelque autorité qu'elle se réclame, sans exa-

---

(1) Gentleman.

men approfondi et critique négative, de façon à ce qu'aucun sophisme, aucune incohérence ni aucune confusion de pensée puissent passer inaperçus ; et surtout, d'exiger que le sens de tout mot employé soit défini, et le sens précis de toute proposition éclairci avant de l'admettre. Voilà quelles sont les leçons fondamentales qu'il faut apprendre. » Et tout le monde est capable de les apprendre.

Les éléments premiers de toute éducation sont accessibles à tous : ni le rang, ni les richesses ne donnent de très grands avantages. Sir W. Jones disait qu'avec la fortune d'un paysan il avait réussi à se donner l'éducation d'un prince. On a dit, il y a bien longtemps, qu'il n'y a pas de route royale conduisant à la science. On pourrait dire que toutes les routes qui y mènent sont royales. Et quelle récompense n'obtiendrons-nous pas en les suivant! L'éducation éclaire pour nous toute l'histoire passée de la Terre et nous montre que tout marche vers la lumière et le progrès ; elle nous permet de jouir de la littérature universelle ; elle déploie devant nous le livre de la Nature et nous crée des sources d'intérêt en tous lieux.

Et si nous ne pouvons pas espérer qu'on dise un jour de nous : « C'était un homme tel que, jamais, à tout prendre, nous n'en verrons de pareil [1], » nous pouvons du moins faire en sorte qu'il y ait « une beauté continuelle

---

(1) Shakespeare.

dans notre vie », car tous nous avons en nous le sens et le désir de ce qui ne meurt pas.

Si l'Éducation n'aboutit pas toujours à de beaux résultats, c'est le plus souvent moins par la faute de l'éducation même que de l'esprit dans lequel on l'aborde. « Car les hommes ont appris à désirer la science et l'ont acquise tantôt par curiosité naturelle et appétit de découvrir ; tantôt afin d'amuser leur esprit par une variété délicieuse d'objets ; tantôt pour orner leur esprit et tirer gloire de leurs connaissances, mais bien rarement pour mettre simplement en œuvre, à l'usage et à l'avantage de l'humanité, cette raison qui leur a été répartie. Comme si l'on devait chercher dans la science une couche où faire reposer l'esprit chercheur et inquiet, ou une terrasse où l'âme vagabonde et changeante puisse se promener devant de beaux paysages, ou une tour orgueilleuse où l'âme hautaine puisse s'établir, ou une forteresse ou un camp retranché pour la lutte et les querelles, ou une boutique pour y vendre avec profit : et non pas un dépôt précieux établi pour la gloire du Créateur et le soulagement de l'Homme [1]. »

(1) Bacon.

CHAPITRE VIII

DES BIBLIOTHÈQUES

Un grand Anglais, Richard de Bury, évêque de Durham, faisant l'éloge des livres il y a plus de cinq cents ans, disait avec raison : « Voilà les maîtres qui nous instruisent sans verges ni férule, sans mots durs ni colère, sans demander cadeaux ni argent. Si vous vous approchez d'eux, ils ne dorment pas ; si vous les interrogez, ils ne vous cachent rien ; si vous les méconnaissez, ils ne se plaignent jamais ; si vous êtes ignorant, ils ne peuvent vous railler. »

S'il pouvait parler ainsi il y a si longtemps, nous pouvons à plus forte raison en dire aujourd'hui autant. Car les livres coûtent infiniment moins cher, et sont à la portée de tous ; ils sont imprimés ; ils sont maniables et légers, tandis qu'autrefois ils étaient immenses, lourds, peu commodes à tenir ou à lire ; et nos livres les plus savants sont d'une lecture facile en comparaison des anciens. Chose plus importante encore, nous avons, en plus des livres que connaissait de Bury, des quantités d'autres. Même pour la littérature antique, on a retrouvé bien des œuvres perdues.

On peut dire que le roman était presque inconnu de son temps ; et en ce qui concerne la poésie, il a vécu avant l'apparition de Shakespeare et de Milton, sans parler de poètes plus récents. Quant à la Science, on a créé la chimie et la géologie depuis sa mort, et des découvertes nombreuses ont augmenté l'intérêt des autres sciences.

Schopenhauer a dit que si la science ne lui avait rien rapporté, elle lui avait du moins épargné bien des dépenses. Nous devons reconnaître que la science a non seulement augmenté immensément notre revenu national, mais a fortement réduit nos dépenses. L'argent que nous avons employé à fonder des écoles, des bibliothèques et des musées, est plutôt un placement rémunérateur qu'une vraie dépense. Nous ne soutenons pas cependant les écoles et les bibliothèques publiques parce qu'elles sont en définitive une économie, mais parce qu'elles ajoutent si puissamment au bonheur et à l'amusement de nos concitoyens. Les pauvres n'ont que trop peu d'amusements.

On m'a souvent raillé, avec beaucoup de bonne humeur, d'ailleurs, parce que j'ai affirmé, que les plus grands lecteurs seront à la prochaine génération nos artisans et nos ouvriers. Mais le nombre grandissant des bibliothèques populaires ne vient-il pas à l'appui de ma thèse ? Car avant de pouvoir fonder une bibliothèque libre il est nécessaire de consulter les électeurs du quartier, et nous savons que les ecclésiastiques et les membres des professions libérales sont en minorité partout. Ce sont donc les artisans et les petits commerçants qui fondent les bibliothèques, et qui s'en servent. Les livres sont absolument nécessaires aux travailleurs de nos grandes villes. Leur vie est extrêmement monotone. L'existence de sauvage est bien plus variée : il doit connaître et observer de très près les habitudes du gibier qu'il chasse, ses migrations et les endroits qu'il fréquente ; il doit savoir où et à quelles époques il doit pêcher ; chaque mois lui apporte quelque changement dans sa nourriture. Il lui faut fabriquer ses outils et construire sa maison : allumer un feu, chose si facile aujourd'hui, est pour lui chose délicate et difficile. De même le paysan a une variété d'occupations : il laboure et sème, il fauche et récolte. Il s'occupe de ses vaches, de ses porcs et de ses moutons. Conduire une charrue, faire une palissade ou nouer une gerbe, est loin d'être aussi facile qu'on le suppose. On nous raconte, qu'un étranger ayant demandé un jour à voir le cabinet de travail de Wordsworth, sa domestique répondit : « Voici la chambre à coucher de Monsieur, mais c'est dans les champs qu'il travaille. » Le paysan aussi apprend beaucoup de choses aux champs. Il sait bien plus de choses que nous ne supposons, mais c'est de la science champêtre. Elle vaut bien celle des livres.

Mais l'ouvrier de fabrique a une existence bien plus monotone. Il est condamné à la même fabrication, parfois au même détail de fabrication, depuis le commencement de l'année jusqu'à la fin. Il atteint sans doute parfois à une habileté manuelle presque miraculeuse, mais bien bornée. S'il ne veut pas finir par n'être qu'une machine animée, il lui faut demander quelque amusement et quelque distraction aux livres, et parfois aux livres seuls. On a heureusement depuis quelque temps une tendance à diminuer les heures de travail, sauf dans les magasins et, chose moins agréable à constater, il y a des moments de chômage forcé. Mais les heures de loisir ne devraient jamais être des heures de paresse : le loisir est parmi les plus grands des bienfaits, la paresse une des plus grandes malédictions qui soient; l'un est une source de bonheur, l'autre de malheur. Si un pauvre se trouve sans travail pendant quelques jours, que peut-il devenir? Comment remplir ses heures vides? S'il peut pénétrer dans une bibliothèque il ne les perdra pas.

Toutes les raisons que nous avons d'instruire nos enfants s'appliquent aux adultes. Aujourd'hui nous avons partout d'excellentes écoles primaires. Nous nous occupons de notre mieux à instruire nos enfants. Nous leur apprenons à lire et à aimer la lecture. Et pourquoi? Parce que nous sommes convaincus que l'étude profite à tous, que tout homme qui étudie en devient un meilleur ouvrier et tout ouvrier un homme meilleur. Mais on ne doit jamais cesser de s'instruire; et les bibliothèques sont les écoles des adultes. On raconte que le roi Alfred étant enfant eut un grand désir de posséder un certain livre. « Il l'aura, répondit sa mère, quand il saura le lire. » Et c'est à cette condition qu'Alfred l'obtint. Nos enfants ont appris à lire; n'ont-ils pas droit aussi à des livres en récompense? Les livres ne manquent pas d'ailleurs et les meilleurs sont les moins chers de tous. La lecture est un plaisir qui ne dépend pas de la richesse, c'est presque le seul dont on puisse dire cela. Nous autres qui nous occupons d'affaires, nous avons souvent l'air de n'être jamais satisfaits de ce que nous avons. Mais la fortune nous donne plus de livres que nous ne pourrons jamais en lire.

Nous commençons seulement à comprendre que l'éducation doit durer autant que la vie; que nos enfants doivent apprendre autre chose que de la grammaire et des mots; que l'œil et la main doivent aussi être exercés. D'autre part l'existence des adultes ne devrait jamais être consacrée uniquement à des travaux manuels ni à la poursuite de la richesse. Ils devraient pouvoir consacrer une portion de leur temps à l'acquisition de connaissances intellectuelles et au développement de leur esprit. Tout homme devrait aussi pouvoir ajouter quelque chose à la somme des connaissances humaines; quelque humble que soit sa condition, il peut espérer le faire. Nous n'apprécions pas encore la dignité du travail manuel; et d'autre part l'on semble trop facilement croire que la science est une chose inaccessible, bonne seulement pour les philosophes et les hommes de génie, et ceux qui ont le moyen de se payer des appareils spéciaux. Mais c'est là une erreur. A qui devons-nous notre fortune ? En partie sans doute à de sages monarques et à de grands hommes d'Etat ; en partie à notre vaillante armée de terre et de mer ; en partie aux courageux explorateurs qui ont jeté les assises de notre empire colonial ; en partie aussi aux philosophes et aux penseurs. Mais tout en nous rappelant avec reconnaissance tout ce que nous leur devons, il ne faut pas oublier que l'ouvrier ne s'est pas seulement servi de la vigueur de ses bras pour nous aider ; il a su aussi nous faire profiter de ses idées. Watt était mécanicien ; Henri Cort, dont les découvertes industrielles ont ajouté à la richesse nationale une somme qu'on estime égale à la valeur de la dette nationale, était fils de maçon : Huntsman, qui inventa l'acier fondu, était horloger : Crompton tisserand ; Wedgwood potier ; Brindley, Telford, Mushat et Neilson étaient de simples ouvriers ; Georges Stephenson gardait des vaches à quatre sous par jour et n'apprit à lire qu'à dix-huit ans ; Dalton était fils de tisserand ; Faraday, de forgeron ; Newcomen, de forgeron ; Arkwright fut coiffeur ; Sir Humphrey Davy était garçon dans une pharmacie ; Boulton, le père et le créateur de Birmingham, était fils d'un ouvrier fabricant de boutons, et Watt, fils de charpentier. Le monde doit beaucoup à ces hommes : et leur espèce est nombreuse. Nous devrions être aussi fiers d'eux que de nos grands généraux et de nos hommes d'Etat.

On nous parle souvent des nations « civilisées »; et sans doute certains peuples méritent cette épithète plus que d'autres. Mais aucun pays ne la mérite encore pleinement. Il faut nous efforcer à créer chez nous une vraie civilisation. Les bibliothèques y peuvent beaucoup.

Il y a beaucoup de gens dont la naissance équivaut à une condamnation aux travaux forcés à perpétuité, mais il n'est nullement nécessaire que leur existence ne soit pour cela que vide et que misère. Et précisément parce qu'ils ont peu d'amusements et que leur existence est monotone il importe qu'ils aient de bons livres à leur portée.

Un de nos plus grands hommes de science, Sir John Herschel nous a dit : « S'il m'était permis de choisir un goût qui me soutînt dans toutes les circonstances de ma vie, qui fût pour moi une source perpétuelle de bonheur et de joie, une protection contre tous les maux de l'existence, et contre l'hostilité des hommes, je choisirais le goût de la lecture. L'homme auquel ce goût a été accordé avec les moyens de le satisfaire, sera à coup sûr heureux, à moins que vous ne lui donniez les livres les plus néfastes. Car du coup il entre dans la société la plus choisie de toutes les époques; il devient citoyen de toutes les races et contemporain de tous les siècles. C'est pour lui que le monde a été créé. »

Les livres sont presque des choses vivantes.

« Les livres, dit Milton, contiennent en eux une descendance vivante aussi active que l'âme dont ils sont la descendance. » Les grands écrivains ne meurent pas.

Il n'est pas mort celui dont l'âme sublime
Soulève avec elle ton âme.
Vivre dans les cœurs éternellement.
N'est pas une mort.

Le duc d'Urbin, fondateur de la grande bibliothèque d'Urbin, ordonna que chaque livre fût relié de pourpre et décoré d'argent. Lamb disait qu'on aurait plus de raison de rendre grâces avant d'ouvrir un nouveau livre qu'avant de se mettre à table.

CHAPITRE IX

DE LA LECTURE

Les livres sont à l'Humanité ce que la Mémoire est à l'Individu. Ils contiennent l'histoire de la race, ses découvertes, la sagesse et l'expérience accumulées des siècles : ils sont le miroir des merveilles et des beautés de la nature : ils nous soutiennent dans nos malheurs, nous consolent dans nos tristesses et nos peines, font de nos heures d'ennui des heures de délices, remplissent notre esprit d'idées, de pensées sages et bienfaisantes ; ils nous font sortir de nous-mêmes et de nos misères.

Il y a un conte oriental où il s'agit de deux hommes dont l'un était roi, mais rêvait chaque nuit qu'il était devenu mendiant ; l'autre au contraire, qui était mendiant, rêvait chaque nuit qu'il était roi et qu'il habitait un palais. Je ne sais pas si le roi était le plus heureux des deux. L'imagination est parfois plus vive que la réalité. Quoi qu'il en soit, la lecture nous permet d'être, si nous le voulons, de vrais rois et d'habiter les plus somptueux palais; elle nous transporte — ce qui vaut encore mieux — devant les montagnes ou devant la mer, dans les plus belles parties du monde sans fatigue, ennui ni dépense.

Donnez-moi, dit Fletcher :

La permission de m'amuser à ma fantaisie ;
L'endroit qui contient mes livres, ces compagnons les
  meilleurs,
Est pour moi une cour royale où à toute heure je puis
M'entretenir avec les sages et les philosophes d'autre-
  fois ;
Et parfois, pour varier mes plaisirs, je parle
Avec des rois et des empereurs ; je discute leurs con-
  seils,
Je juge sévèrement et je condamne
Si elles ont été déloyalement remportées
Leurs victoires; et dans mon esprit
Je brise leurs statues dressées injustement. Pourrai-je
  donc jamais
M'aliéner de si sûrs plaisirs pour acquérir
De vaines et incertaines richesses ? Non. Que tout
  votre souci soit
D'entasser l'or, tout le mien sera
D'accroître ma science.

On a souvent comparé les livres à des amis. Mais, tandis que, parmi nos compagnons la mort impitoyable se plaît à nous enlever les meilleurs et les plus doués, le temps au contraire tue les mauvais livres et purifie les bons. Beaucoup d'hommes qui ont joui de tous les bienfaits de la fortune, ont cependant affirmé qu'ils avaient trouvé leur plus grand bonheur dans la lecture.

Ascham dans son *Maître d'école* nous fait le touchant récit de la dernière visite qu'il fit à lady Jane Grey. Il la trouva assise dans l'embrasure de la fenêtre en saillie, occupée à lire la belle description de la mort de Socrate dans Platon. Ses parents chassaient dans le parc, les chiens donnaient de la voix ; on les entendait par la fenêtre ouverte. Il lui dit sa surprise de ne pas la voir dehors. « Mais, répondit-elle, je suis sûre que tout le plaisir qu'ils goûtent au parc, n'est qu'une ombre en comparaison de celui que j'éprouve à lire mon Platon. »

Macaulay était riche, puissant, célèbre et bien portant, et cependant il nous dit dans sa biographie qu'il devait les heures les plus heureuses de son existence à ses livres. Dans une lettre charmante à une petite fille il dit : « Je te remercie de ta très jolie lettre. Je suis toujours heureux de pouvoir rendre ma chère petite fille heureuse, et rien ne me fait plus de plaisir que de voir qu'elle aime les livres, car, quand elle sera aussi grande que moi, elle verra qu'ils valent mieux que tous les gâteaux et les bonbons, tous les jouets et les spectacles et les amusements du monde. Si je pouvais être le plus grand roi de la terre, avec des palais et des jardins et de beaux dîners et des vins et des voitures et de magnifiques vêtements et des centaines de domestiques, mais à la condition de n'avoir jamais de livres à lire, je ne voudrais pas être roi ; j'aimerais mieux être un pauvre dans une mansarde avec des tas de livres qu'un roi qui n'aimerait pas la lecture. »

Les livres, en effet, nous donnent la clef de palais enchantés. « On voit plus loin, dit J.-P.

Richter, du mont Parnasse que d'un trône. »
Ils nous donnent même une idée plus vive des
choses que la réalité elle-même. Et si un livre
ne nous intéresse pas, la faute n'en est pas
toujours au livre. Savoir lire est un art.
Lire passivement ne sert pas à grand'chose.
Tout le monde croit savoir lire et écrire, tandis
que, en réalité, fort peu de gens savent écrire
ou même lire avec fruit.

« L'Etude, nous dit Ascham, apprend plus
en un an, que l'Expérience en vingt ; elle
apprend sans danger, tandis que l'expérience
nous apporte plus de souffrance que de savoir.
C'est un bien pauvre capitaine, celui qui ne
devient maître qu'à force de faire des nau-
frages ; c'est un piètre marchand, que celui
qui n'atteint à la richesse ou à la sagesse
qu'à force de banqueroutes. La sagesse qu'on
achète par l'expérience coûte fort cher. »

Le choix des livres comme le choix de nos
amis est un devoir important. Nous sommes
aussi responsables de ce que nous lisons que
de ce que nous faisons. Un bon livre, pour
citer les nobles paroles de Milton, « est le sang
précieux et vital d'un maître-esprit embaumé
et préservé tout exprès pour une vie qui dépas-
sera sa vie ».

Pour retirer de nos livres, je ne dis pas
seulement le plus de bien, mais simplement
le plus de jouissance possible, il faut les lire
pour instruire notre esprit plutôt que pour
l'amuser. Les livres d'une lecture facile et
amusante ont leur utilité, tout comme le sucre

est une partie importante de notre nourriture ; mais nous ne pouvons pas en vivre.

Il y a des livres qui ne valent rien : les lire serait une perte de temps. Il y en a aussi de si pernicieux qu'on ne peut pas les lire sans souillure. Il y a des cas où il est bon d'être averti des dangers et des tentations de la vie, mais tout ce qui nous familiarise avec le mal est un mal. Mais il y a des livres, heureusement en grand nombre, qu'il est impossible de lire sans se sentir meilleur. Les plus beaux livres nous élèvent jusqu'à des régions de pensée désintéressée où toute considération personnelle devient insignifiante et où l'on oublie tous les soucis et les tracas de ce monde. Rien n'est plus douloureux que d'être interrompu au milieu d'une telle lecture. Hamerton s'en plaint d'une façon touchante. « Supposons qu'un lecteur se trouve entièrement absorbé dans la lecture d'un auteur qui appartient peut-être à une autre époque et à une autre civilisation. Supposons par exemple que vous soyez occupé à lire la défense de Socrate dans Platon et que toute la scène se déroule devant l'œil intérieur comme dans un tableau. Vous voyez le sénat des Cinq Cents, la pure architecture grecque, le public athénien tout oreilles, l'odieux Mélitus, les ennemis pleins d'envie, les amis bien aimés pleins de tristesse dont les noms immortels nous sont chers, au milieu l'homme vêtu comme un pauvre, de laine grossière qu'il porte été et hiver, la figure ordinaire et presque laide mais éclairée d'un tel air de courage et de franchise qu'aucun acteur ne pourrait le simuler. Vous entendez la voix assurée qui dit : « Τιμᾶται δ'οὖν ἀνὴρ θανάτου· εἶεν. » « Vous commencez le sublime paragraphe où Socrate se condamne à être nourri au Prytanée. Si seulement vous pouvez vous garder de toute interruption jusqu'à la fin, vous goûterez une de ces minutes de noble plaisir qui sont la récompense du travail intellectuel. »

Il est impossible de lire pendant une heure un livre intéressant et bon sans en être plus heureux et meilleur. Et ce plaisir dure : il nous donne un trésor de pensées heureuses et réconfortantes où puiser à chaque instant. Notre littérature est l'héritage et le droit inaliénable de notre race. Nous avons produit, et nous continuons à produire quelques-uns des plus grands poètes philosophes et hommes de science du monde. Aucune race ne peut se vanter de posséder une littérature plus éclatante, plus noble, ni plus pure; elle est plus riche que notre commerce, plus puissante que nos armes. Elle est le meilleur titre de gloire du pays : nous n'en serons jamais trop fiers ni trop reconnaissants.

CHAPITRE X

DU DEVOIR SOCIAL

Nous aidons tous à gouverner notre pays et l'un de nos plus grands devoirs, c'est de nous préparer à cette grande responsabilité. Il y faut de l'étude et de la pensée, autant et plus que de la bonne volonté. La grandeur même, l'étendue de notre empire sont des sources de danger. Nous gouvernons de nombreuses races humaines, dont plusieurs ont des idées et des aspirations bien différentes des nôtres. Prenons l'Inde par exemple. La population y est près de dix fois celle de l'Angleterre, et elle est divisée en larges groupes appartenant à des races et à des religions distinctes. L'Hindou proprement dit fait partie de la même grande race humaine que nous. Sa langue n'est pas seulement semblable à la nôtre par son origine et par sa structure ; elle contient quelques mots que l'on trouve aussi en anglais. Le mot *poor*, par lequel se terminent tant de noms hindous, correspond au mot *borough*[1] qui chez nous

(1) Ville.

est une terminaison bien commune. Mais les Hindous eux-mêmes ne sont qu'une partie de la population de l'Inde ; et par le sang, ils sont plus près de nous que des races Dravidiennes du Sud ou des Malais et Chinois de l'Est, bien qu'entre eux et nous le temps et la distance aient creusé de profondes différences. Leur religion les maintient à l'état de guerre avec les Musulmans qui furent autrefois et qui probablement, si nous quittions le pays, redeviendraient les maîtres de l'Inde.

Mais si l'Inde nous apporte peut-être la plus grande de nos responsabilités, nous en avons bien d'autres. Sur toute la surface du globe nous nous trouvons en contact avec d'autres grandes nations. Des questions surviennent et surgiront toujours qui exigent du tact, de la modération, des ménagements de notre part. Nos hommes d'État doivent savoir quand il faut céder, quand il faut résister, et la nation doit reconnaître l'homme d'État qu'elle doit soutenir.

L'histoire de l'homme nous a montré une succession de grands empires qui sont tombés en poussière ; l'Egypte, l'Assyrie, la Perse, Rome ont grandi et se sont abîmées. A des époques moins lointaines Gênes et Venise ont fleuri, en grande partie, comme nous aujourd'hui, par leurs vaisseaux, leurs colonies, leur commerce. Pour qu'il nous soit donné d'éviter leur destin, il faut que nous évitions leurs fautes.

Mille années ne suffisent pas toujours pour créer un État. Il suffit d'une heure pour le faire tomber en poussière [1].

En ce qui concerne notre politique extérieure, c'est autant notre intérêt que notre devoir de conserver les relations les plus cordiales avec les autres pays. Malheureusement les nations se regardent souvent entre elles d'un œil hostile. Et pourtant un peu plus de lumière nous montre que toutes étant choses humaines, toutes devraient être amies. Un prédicateur du pays de Galles faisait comprendre cette idée par une image simple, mais bien frappante. Il racontait qu'un jour, se promenant, il vit sur une colline, en face, une forme monstrueuse; en s'approchant, il y découvrit un homme ; quand il fut tout près, il reconnut son frère.

Les autres peuples ne sont pas seulement des hommes, ce sont aussi nos frères, et de bien des façons nos intérêts sont les leurs. S'ils souffrent, il nous faut souffrir aussi et tout ce qui leur arrive d'heureux nous est aussi un bienfait. Le plus grand de tous les intérêts de l'Angleterre, c'est la paix et la prospérité du monde entier. L'éclat de la guerre a ébloui l'imagination de l'humanité... On nous parle de « la pompe, de tout l'appareil glorieux de la guerre », on répète que chaque soldat porte un bâton de maréchal dans son havresac, mais nous sommes impuis-

---

(1) Byron.

sants à imaginer les souffrances infinies qu'elle a causées à la race humaine.

Le carnage et la douleur qui proviennent de la guerre sont affreux, et c'est là un irrésistible argument en faveur de l'arbitrage. L'état de choses actuel est une honte pour l'espèce humaine. On peut excuser les tribus sauvages qui décident leurs querelles par la force des armes ; mais que des nations civilisées emploient de semblables moyens, voilà qui répugne non seulement à notre sens moral, mais à notre sens commun. Aujourd'hui l'Europe maintient 3,500,000 hommes sur le seul pied de paix ; le pied de guerre monte à 10,000,000 d'hommes, et l'on se prépare à le faire monter à 20,000,000. Les dépenses nominales s'élèvent tous les ans à £ 200,000,000 mais les armées du Continent étant presque toutes recrutées par la conscription, les dépenses réelles sont beaucoup plus grandes. Ajoutons que si ces 3,500,000 d'hommes étaient employés à un labeur utile, en estimant le produit de ce labeur à £ 50 par an, c'est de £ 175,000,000 qu'il faudrait augmenter les sommes indiquées plus haut, ce qui ferait monter la totalité des dépenses de guerre de l'Europe à £ 375,000,000 par an ! Certainement il y a des considérations plus grandes et plus graves que celles qui concernent l'argent ; mais en somme l'argent représente de la vie et du labeur humains. Il est impossible de considérer de tels préparatifs militaires et maritimes sans concevoir les plus grandes inquiétudes. S'ils ne nous mènent pas à la guerre, c'est à la banqueroute et à la ruine qu'ils nous conduiront un jour.

Les principaux pays de l'Europe s'enfoncent de plus en plus dans la dette. Pendant les vingt dernières années, la dette de l'Italie a passé de £ 483,000,000 à £ 516,000,000, celle de l'Autriche de £ 340,000,000 à £ 500,000,000, celle de la Russie de £ 340,000,000 à £ 750,000,000, celle de la France enfin de £ 500,000,000 à £ 1,300,000,000. Si l'on additionne les montants des dettes contractées par les gouvernements du monde entier, on voit qu'ils atteignaient en 1870 le chiffre de £ 4,000,000,000, fardeau fabuleux, terrible, écrasant. Que dirons-nous aujourd'hui? Ces dettes réunies s'élèvent à plus de £ 6,000,000,000 et grandissent de jour en jour.

Le pis est que la plus grande partie de cette charge énorme, terrifiante, n'est représentée par aucune valeur réelle, n'a rien produit d'utile; purement et simplement on l'a gaspillée, ou, ce qui, au point de vue international, est plus triste, on l'a dépensée à faire la guerre ou à préparer la guerre. De fait, jamais, aujourd'hui, nous ne connaissons le véritable état de paix; en réalité, nous sommes toujours en guerre, sans batailles, sans carnage, heureusement, mais non sans de terribles souffrances. Même chez nous, en Angleterre, un tiers du revenu national sert à préparer des guerres futures, un autre tiers à payer le prix des guerres passées, si bien qu'il ne reste qu'un tiers pour gouverner et administrer le pays. Nos intérêts engagés sont énormes, et les intérêts de toutes les nations sont si entremêlés qu'aujourd'hui toute guerre est, de fait, une guerre civile.

Bien que ma formule ne soit pas « la paix à tout prix », je n'ai pas honte de dire qu'elle est « la paix presque à tout prix ». Evidemment il y a un certain nombre de questions vitales qu'on ne peut soumettre à l'arbitrage, mais le comte Russell, qui fait autorité, disait qu'il n'y a pas eu un seul cas de guerre, pendant les cent dernières années, que l'on n'eût pu régler sans avoir recours aux armes.

La dernière fois que je vis M. Gambetta, nous causions de ce sujet, et il me dit avec la façon si vivante de s'exprimer qui lui était familière, que si les dépenses continuaient à marcher du même pas, le jour arriverait où les Français ne seraient plus qu'un peuple de mendiants devant une rangée de casernes. Depuis lors les dépenses n'ont pas continué du même pas : elles se sont accélérées.

On ne peut pas songer à l'état de l'Europe sans inquiétude. La Russie est ruinée par le nihilisme ; l'Allemagne a peur du socialisme ; la France est terrorisée par la menace de l'anarchie et marche vite à la banqueroute. Certes, il n'y a rien qui puisse justifier, excuser les derniers crimes anarchistes, mais rien n'arrive en ce monde qui n'ait une cause. Sur le continent les ouvriers fournissent pour de bien pauvres salaires des heures de travail terriblement longues. Qu'on lise les rapports récemment venus d'Italie et l'on verra la misérable condition des travailleurs agricoles dans ce pays. En France et ailleurs la condition des petits propriétaires ne vaut guère mieux.

J'ai beaucoup de sympathie pour la cause de la journée de huit heures, mais le meeting qui eut lieu à Hyde Park, il y a deux ans, a proclamé avec beaucoup de sagesse que la journée de huit heures n'était possible que par un accord international. Mais si l'on maintient les établissements militaires actuels, on ne pourra rien retrancher aux heures de travail. La seule façon d'arriver à la journée de huit heures, c'est de diminuer les budgets de guerre.

Les impôts nécessaires au maintien des armées et des marines obligent chaque homme et chaque femme, en Europe, à travailler au moins une heure de plus par jour qu'il ne le faudrait pour leur bien. En réalité la religion de l'Europe n'est pas le christianisme : c'est le culte du Dieu de la guerre. Mais au moins nous pouvons jeter tout le poids de notre influence dans le plateau de la balance qui porte la Paix, nous efforcer de conserver des relations cordiales avec les nations étrangères, les traiter avec courtoisie, justice et générosité.

Bien des pays travaillent aussi à se faire la guerre, et d'une façon tout aussi stupide, par des vexations financières. Cowper a dit que

« la barrière des montagnes fait les haines des nations, qui voudraient, autrement, comme les gouttes d'une même eau, se rejoindre et s'unir ». — Mais, de fait, les pires barrières sont celles que les nations ont élevées entre elles : barrières de douanes, de droits d'entrée, etc., pis encore, toutes les jalousies, toutes les malveillances sans raison qui font que chacune attribue à l'autre des desseins hostiles, que nulle d'entre elles n'a jamais conçus peut-être.

Ce même esprit de jalousie et d'hostilité qui est si souvent au fond des relations internationales, aigrit aussi de la plus triste façon la politique intérieure. Mais insulter n'est pas discuter; c'est plutôt confesser sa faiblesse. On dit, il est vrai, que les révolutions ne se font pas à l'eau de rose. Et pourtant on a produit plus de changements dans la constitution du monde par la discussion que par la guerre, et même là où l'on s'est servi de la guerre, la plume a bien souvent dominé l'épée. Les idées sont plus puissantes que les baïonnettes.

« L'humanité, dit Mill, est encore trop peu avancée pour qu'un homme puisse sentir cette sympathie universelle avec tous les autres, qui rendrait impossible tout désaccord dans la direction générale de toutes les vies; mais déjà celui en qui le sentiment social est réellement développé, ne peut songer au reste des êtres semblables à lui-même comme à des rivaux qui luttent contre lui pour gagner le bonheur, et qu'il doit désirer voir vaincus dans leurs efforts afin qu'il puisse réussir dans les siens. »

Afin d'accomplir notre tâche de citoyen avec sagesse et utilité, il faut, comme dit Burke, cultiver soigneusement notre esprit, conduire jusqu'au plein développement de vigueur et de maturité tous les sentiments honnêtes et généreux qui appartiennent à notre nature, apporter au service, au gouvernement de la communauté toutes celles de nos dispositions qui sont aimables dans la vie privée, être ainsi des patriotes et ne pas oublier que nous sommes des « *gentlemen* ». La vie publique est un poste de puissance et qui veut de l'énergie. Celui-là méconnaît son devoir qui dort à l'heure de la garde, aussi bien que celui qui passe à l'ennemi. Pensons plutôt à faire ce que nous devons qu'à réclamer ce que l'on nous doit.

Lord Bolingbroke, dans son essai intitulé *de l'Esprit de patriotisme*, approuve en la citant une remarque de Socrate : « Quoique aucun homme n'ose entreprendre un métier qu'il n'a pas appris, même le plus humble, tout le monde cependant se croit compétent à faire le métier le plus difficile de tous, celui de gouverner. » Il parlait d'après l'expérience qu'il avait de la Grèce. Il ne parlerait pas autrement s'il vivait en ce moment en Angleterre.

Nous avons en effet une variété très considérable de problèmes qui demandent une solution immédiate. Nous essayons tous de donner une éducation à nos enfants, mais il est probable que personne ne serait d'avis que nous ayons trouvé un système parfait. Les luttes entre le capital et le travail sont en train d'appauvrir notre commerce, de gêner l'essor de nos manufactures et, pour peu qu'elles durent, elles feront baisser les salaires en abaissant la demande. La santé de nos grandes villes laisse encore beaucoup à désirer. La science est encore dans son enfance.

D'ailleurs, toute question de progrès, à part la vie quotidienne de la communauté demande un perpétuel effort. Les débats du Parlement, la direction des affaires locales, l'administration des bureaux de Bienfaisance, bref, les affaires de la Communauté tout entière exigent autant de soin et d'attention que celles des individus, et il y a une tendance croissante, que l'on peut approuver ou désapprouver, selon ses idées, vers une organisation autonome.

Et puis, nous avons toujours des pauvres parmi nous. Mais grâce en partie à nos nombreuses institutions charitables, à une sympathie de plus en plus grande entre les pauvres et les riches, et, en partie aussi, grâce à nos lois en faveur des pauvres, au libre échange et aux conditions physiques plus satisfaisantes dont nous jouissons : il y a une moindre disposition à l'anarchie et au socialisme que dans d'autres pays.

L'ent' ousiasme est sans doute le levier qui fait mouvoir le monde, mais il est triste de penser combien de temps et d'argent on a gaspillé en de v ines expériences qui, coup sur coup, avaient avorté déjà. Elles ont été pires qu'inutiles, puisqu'elles ont fait du mal plutôt que du bien à ceux qu'elles devaient aider.

Venir efficacement en aide à autrui est chose moins facile qu'on ne croit.

Il y faut beaucoup de jugement et de clairvoyance, en même temps que beaucoup de bonté.

L'argent n'est pas la chose la plus essentielle. En effet, une autorité en ces matières, Mlle Sewell, dit : « J'ai l'air de lancer un paradoxe, mais je crois vrai de dire que plus un quartier est pauvre, moins il est nécessaire que la charité s'y fasse avec de l'argent, du moins tout d'abord. » La sollicitude et l'amour valent mieux que l'or. Ceux qui donnent leur temps donnent plus que ceux qui donnent leur argent. D'ailleurs il est fort à craindre que l'argent et l'enthousiasme, sans l'expérience et la discipline, ne fassent plus de mal que de bien, car ce que l'on a mal fait peut nuire plus que ce que l'on a négligé de faire.

Il vaut mieux donner de l'espoir et de la force que des secours en argent. L'aide la plus efficace n'est pas de prendre pour soi les maux d'autrui, mais bien d'inspirer aux hommes la confiance et l'énergie nécessaires pour qu'ils les supportent seuls, pour qu'ils apprennent à affronter courageusement les difficultés de la vie.

Il faut avoir soin de ne pas affaiblir le ressort de l'indépendance, dans notre désir de soulager la misère d'autrui. Il y a toujours cette difficulté initiale, qu'en aidant les hommes, on leur enlève leur principal motif de travailler; on affaiblit leur sentiment d'indépendance : tous les êtres qui vivent aux dépens d'autrui tendent à devenir de simples parasites. Par conséquent, ne donnez jamais un secours en argent; donnez seulement aux gens une occasion de se secourir eux-mêmes. Nous devrions toujours nous demander si nous ne sommes pas en train de détruire chez le pauvre le sentiment de ses devoirs au lieu de lui donner les moyens de mieux les remplir. Les relations humaines sont choses si complexes que nous devons tous nécessairement beaucoup de choses à notre prochain ; mais dans la mesure du possible, tout homme devrait s'efforcer de se tirer d'affaire seul.

Nous ne pouvons pas nous attendre à voir les autres se conformer à notre idéal. Nous ne pouvons que les aider à réaliser ce qu'il y a de plus élevé dans le leur et les encourager dans tout effort de perfectionnement moral. Toutes les fois qu'on donne trop généreusement de l'argent, c'est pour se débarrasser de quelque responsabilité plutôt que par charité vraie. Cependant tout effort dépensé en vue du bien général attire invariablement une récompense. Aucun travail ne nous apporte plus de bonheur que celui que nous avons accompli dans un but désintéressé. Avoir travaillé pour autrui, ajoute une dignité au travail le plus humble.

Et quelque humble que soit en effet votre travail, faites-le de bon cœur.

Travailler pour le bien de notre patrie, à n'importe quel prix, à n'importe quel risque, est un devoir absolu et « celui qui, par crainte du danger ou de la mort évite de remplir ses devoirs envers sa patrie ou envers lui-même, n'est pas digne de vivre, puisque la mort est chose inévitable et que la vertu vit immortellement[1] ».

Il arrive assez rarement d'ailleurs que les services que nous pouvons rendre à notre Patrie entraînent de très grands dangers. Il s'agit plutôt de lui sacrifier une partie de nos loisirs, de consacrer quelque temps à des devoirs ou à un travail qui peuvent paraître peu héroïques ou fastidieux, mais qui n'en sont pas moins nécessaires.

Les affaires publiques, — commissions, élections et réunions électorales, discours, conseils municipaux ou généraux, — voilà des choses peu romanesques sans doute, qui n'éblouissent pas l'imagination et ne font pas battre le cœur. Cependant un vote en temps de paix vaut un coup d'épée en temps de guerre, et son efficacité n'est pas moindre,

---

(1) Gilbert.

bien qu'il ne soit point versé de sang et que la paix ne soit point troublée.

Le vote n'est pas un droit ; c'est un devoir que nous devons tous nous préparer à remplir.

Personne n'a le droit de jouir de tous les bienfaits de l'activité désintéressée de ses concitoyens, à moins d'y collaborer pour sa part, et dans la mesure de ses moyens, quelque faibles qu'ils soient.

« Le succès personnel ne doit jamais être considéré, nous dit Bacon, comme le but de l'existence. »

Même en se plaçant à un point de vue assez égoïste et assez bas, le temps qu'on consacrera à ses devoirs sociaux ne sera jamais perdu, « car l'amour du prochain, l'impulsion qui fait qu'on agit pour lui, qu'on lui vient en aide, qu'on le soutient ; le désir de diminuer la somme d'ignorance et d'erreur, de dissiper les malentendus et de réduire la quantité de misère dont souffrent les hommes, la noble aspiration qui nous pousse à désirer que le monde soit, pour notre part, meilleur et plus heureux qu'avant nous ; ce sont là des impulsions vraiment sociales et qui ajoutent à notre bonheur en augmentant le bonheur d'autrui[1] ».

Méditons aussi les nobles paroles de Marc-Aurèle : « Offre au gouvernement du dieu qui est au dedans de toi un être viril mûri par l'âge, ami du bien public, un Romain,

---

[1] Arnold.

un empereur, un soldat à son poste, comme s'il attendait le signal de la trompette, un homme prêt à quitter la vie et dont la parole n'a besoin ni de l'appui d'un témoin ni du témoignage de personne. »

Le temps que nous consacrons à nos devoirs publics n'est pas perdu. Nous y apprenons souvent « le luxe de pouvoir faire le bien ».

Il est dans le pouvoir de tous ceux qui le désirent, d'être des hommes courageux et de bons patriotes. Tous peuvent collaborer dans une certaine mesure à quelque mouvement qui tend vers le bien public, à quelque œuvre qui aura pour résultat de rendre les hommes plus heureux, plus sains, plus vertueux.

CHAPITRE XI

DE LA VIE SOCIALE

Nous disons avec un orgueil légitime, que la maison de tout Anglais est sa forteresse ; mais cela ne suffit pas : elle devrait être aussi le centre de toutes ses pensées, son *Home*. C'est la loi de son pays qui en fait une forteresse, c'est sa volonté seule qui peut en faire son *home*.

Comment y parvient-il ? Par l'amour, la sympathie et la confiance. Les souvenirs de notre enfance, la bonté de nos parents, les espoirs de notre jeunesse, tous les liens de sympathie et d'admiration qui nous unissent à nos frères et à nos sœurs, les menus services que nous leur rendons, nos espoirs, nos intérêts communs, voilà ce qui fait la force et la sainteté de notre *home*.

Une maison où n'habite pas l'amour peut être une forteresse ou un palais, elle ne sera jamais un *home*, car il n'existe que par l'amour. « Une maison où n'habite pas l'amour, n'est pas plus une maison humaine qu'un corps sans âme n'est un homme. »

« Un cœur joyeux est un festin perpétuel. Peu avec la crainte de l'Eternel vaut mieux qu'un grand trésor où il y a du trouble. Mieux vaut un repas d'herbes où il y a de l'amitié, que celui d'un bœuf engraissé où il y a de la haine[1]. »

Et ailleurs :

« Un morceau de pain sec, où il y a la paix, vaut mieux qu'une maison pleine de viandes apprêtées, où il y a des querelles[2]. »

Notre maison ne nous est pas précieuse, comme autrefois, en tant que refuge contre l'arbitraire des grands ou de l'Etat, mais contre les soucis et les inquiétudes de l'existence : c'est un port où le repos est certain au milieu des tempêtes que nous rencontrons nécessairement pendant notre voyage à travers la vie, car les existences les plus heureuses connaissent ces périodes d'agitation et le succès tout seul ne donne ni le bonheur ni la tranquillité d'âme.

L'homme n'a pas été créé pour vivre seul, même dans le Paradis terrestre. « Que ferait une âme isolée, dit Bernardin de Saint-Pierre, dans le ciel même ? » Mais si la pensée de tout homme doit se rapporter à son foyer, il faut aussi qu'elle se nourrisse d'éléments extérieurs. Nous ne sommes faits ni pour la solitude seule, ni uniquement pour la société. Toutes deux sont bienfaisantes, je dirai même nécessaires.

Ni tout à fait dans l'agitation du monde
Ni tout à fait loin d'elle, fleurit le jardin que j'aime.

---

(1) *Proverbes.*
(2) *Proverbes.*

Des nouvelles de la ville bourdonnante lui parviennent,
Dans le son des cloches,
Glas de mort ou volées nuptiales.
Et à travers l'ombre épaisse des feuilles qui enveloppe
   le banc où nous sommes assis
On entend palpiter sur l'air les sonneries de l'horloge
   de la cathédrale,
Bien que s'étende entre elle et le jardin
Une lieue de prairie qu'arrose un cours d'eau large et
   lent,
Qui, remué par la pulsation régulière et paresseuse des
   avirons,
Fait onduler ses nénuphars indolents,
Et se traîne, sous le fardeau de ses bateaux marchands,
Jusqu'aux trois arches du pont
Où le couronne la tiare des tours de la cathédrale [1].

Les beautés de la nature sont une joie perpétuelle, mais la lumière du ciel est peu de chose si le cœur reste sombre.

A notre famille nous devons tous nos sentiments d'affection, de vénération et d'amour. Elle est la base et l'origine de toute civilisation, la vraie éducatrice, celle qui nous enseigne le bien, celle qui fait appel à tout ce qu'il y a de plus noble et de plus élevé dans nos sentiments. Les anges mêmes peuvent-ils rien de supérieur à ceci : donner du bonheur aux autres?

Votre maison peut être humble, laide, sans poésie, froide, hostile même, mais là est la sphère de votre influence et de vos devoirs ; plus vous y rencontrerez de difficultés, plus vous aurez de mérite et de bonheur à les vaincre.

(1) Tennyson. *La fille du jardinier.*

Il est plus difficile de supporter avec patience les soucis ou l'injustice que d'accomplir le travail le plus pénible : c'est un sacrifice de votre être même, plus coûteux que tout sacrifice d'argent, de temps ou d'effort.

Peu d'hommes éprouvent le désir de rendre les autres malheureux : il n'est d'ailleurs pas vraisemblable que ceux-là lisent jamais ce que je dis ici. Mais il est probable que dans la grande majorité des cas, c'est bien plutôt le manque de réflexion ou de tact que le manque de cœur qui fait souffrir les autres. Accueillez tout le monde le sourire aux lèvres, avec des paroles bienveillantes et cordiales. Il ne suffit pas d'aimer ceux qui nous sont chers, il faut leur montrer notre affection. Souvent, par ignorance, par manque de réflexion, de jugement, nous blessons ceux que nous aimons le mieux et auxquels nous voudrions le plus rendre service.

Nous savons tous quel secours et quel appui moral nous trouvons dans quelques simples paroles d'encouragement.

« Je me suis souvent dit, écrit lord Chesterfield, et je suis toujours du même avis, qu'une des choses qu'on ignore le plus, c'est la vraie façon d'aimer et de haïr. On nuit à ceux qu'on aime par trop d'indulgence, en s'aveuglant sur leurs défauts, quelquefois même en les encourageant. Et quand on hait, on nuit à soi-même en se laissant aller à des passions, à des colères exagérées. »

Même au milieu de nos amis notre existence est solitaire : « Nous sommes par rapport aux autres comme sur des îles différentes d'une même mer : nous sommes enfermés dans la prison de notre corps [1]. »

Comme c'est peu de chose, ce que nous connaissons de nos amis, de nos parents mêmes ! Même les membres d'une même famille vivent souvent dans un véritable isolement, leur existence se déroule suivant des lignes parallèles qui ne se rencontreront jamais ; ils n'ont aucun contact réel les uns avec les autres.

Le cœur qui nous aime le plus tendrement et qui nous est le plus cher
Ne devine pas la moitié des sentiments qui se cachent derrière un de nos sourires ou de nos soupirs [2].

Nous passons nos journées à discuter le temps, le dernier roman paru, la politique ; la santé, les qualités ou les défauts de nos voisins, tout ce qui n'a aucun rapport avec notre vie intérieure, qui est la seule vraie. Et même, plus une chose est banale, moins elle est importante, plus elle a de chance d'être discutée ; et ceux qui ont le moins à dire sont précisément ceux qui parlent le plus.

Peu de gens se rendent compte que la conversation est un art difficile. Pour qu'une famille soit réellement unie et sente en commun, l'affection, la bonne volonté commune ne suffisent pas : il faut aussi que la sympathie existe et aussi la faculté d'exprimer et de faire exprimer des idées. Et si vous trouvez

---

(1) Jean-Paul Richter.
(2) Keble.

que les gens ne vous amusent pas, essayez de les amuser.

Il y a des personnes qui se font une gloire de toujours dire tout ce qui leur passe par la tête. Sans doute il est bon que tous soient véridiques et sincères. Mais la conversation exige quelque choix dans les idées. Si nous voulons intéresser, il nous faut faire quelque effort pour y réussir.

Un homme qui est toujours de mauvaise humeur est sa première victime :

Ainsi toujours à agacer les autres, lui-même agacé de tout,
Il ne trouve de contentement qu'à n'être jamais content [1],

et, n'étant jamais content de rien, il n'est jamais heureux. Et à coup sûr il diminue aussi le bonheur des autres. Rendre heureux ceux qui nous entourent n'exige pas un bien grand sacrifice de notre part ; mais il ne suffit pas de vouloir. Il faut pour y réussir du tact et de l'étude, il faut de l'application. Pour bien faire quoi que ce soit en bien ou en mal, il faut s'appliquer.

Des manières bienveillantes et cordiales peuvent beaucoup. Il y a un vieux proverbe qui dit que : « Les manières font l'homme, » et il est certain que plus d'un homme a dû sa fortune à ses manières, comme souvent d'en avoir manqué a compromis le succès de beaucoup d'autres. Le Premier Ministre lui-même

---

(1) Pope.

ne choisit pas toujours ses collègues uniquement pour leur expérience, leur éloquence, leur intelligence ou leur caractère, mais aussi parfois pour leurs manières. Il prend de préférence ceux qui savent se faire bien venir de tout le monde.

« La Concorde et la Discorde, on le suppose trop souvent, sont des expressions que l'on doit à une métaphore musicale. Elles ont une origine plus significative. Elles signifient l'union ou la désunion des cœurs [1]. »

Et s'il faut absolument trouver à redire, qu'on le fasse du moins avec douceur ; surtout s'il s'agit des enfants, car le petit berceau d'un enfant est plus facilement assombri que le ciel étoilé de l'homme [2] ». Rubens, prétend-on, d'un seul coup de pinceau faisait pleurer ou rire le visage d'un enfant. Et dans la vie nous avons tous ce pouvoir. Un seul mot y suffit parfois.

C'est une excellente maxime que celle qui nous recommande de blâmer en particulier, mais de louer en public. Ce que vous direz en particulier sera écouté avec reconnaissance, car on y sentira de la bienveillance. L'effet de vos paroles sera plus grand ; tandis qu'un éloge public encourage davantage et récompense mieux.

Surtout si vous êtes obligé de blâmer, blâmez avec fermeté, mais avec douceur et

---

(1) Maxwell. *Meridiana*
(2) J.-P. Ritcher.

comme à regret ; autant que possible, ne montrez jamais de colère ni d'agacement. « Je t'aurais puni, disait Archytas à son esclave, si je n'avais pas été en colère. » Si vous êtes en colère, attendez au moins un instant et réfléchissez avant de parler. Matthew Arnold déclare que la preuve la plus certaine d'une haute culture est une inépuisable indulgence, qui tient compte toujours des circonstances, et tout en jugeant sévèrement les actes, juge avec douceur les personnes. La mort nous rendra bientôt tous égaux ; rappelez-vous cela, et traitez chacun avec courtoisie, comme il convient à tout galant homme.

A moins de force majeure, ne quittez jamais un ami avec colère ni même avec froideur. Rappelez-vous que toute séparation pourrait bien être définitive.

Il y a des paroles qui sont de vrais rayons de soleil ; il y en a d'autres qui s'enfoncent dans la chair comme des flèches et qui empoisonnent comme des morsures de serpent. Et si les paroles blessantes peuvent nous faire tant souffrir, combien de bonheur ne devons-nous pas parfois à une parole bienveillante.

Les bonnes paroles, dit George Herbert, ne coûtent rien, et sont cependant bien précieuses, car :

« Plus d'une flèche lancée au hasard
S'enfonce dans un but que ne prévoyait pas l'archer.
Et plus d'une parole prononcée au hasard
Peut soulager ou blesser un cœur meurtri. »

Il n'est même pas toujours nécessaire d'employer des paroles. Lorsque Pierre nia le Christ, on nous dit simplement : « Le Seigneur regarda Pierre. » Ce regard de reproche triste a suffi : Pierre s'est retiré pour pleurer amèrement.

De même qu'un regard peut faire souffrir, de même après une séparation prolongée, un regard suffit parfois pour remplir le cœur de joie. Avec quelle ardeur ne souhaitons-nous pas l'amicale réception dont nous sommes sûrs : un sourire amical suffit pour éclairer le jour le plus sombre. « Être avec ceux qu'on aime, cela suffit [1]. »

Ne soyez pas trop renfermés. N'ayez pas peur de témoigner vos sentiments. Il ne faut pas seulement être affectueux, il faut aussi donner des preuves visibles de son affection. Soyez tendre, d'un cœur toujours chaud, attentif et affectueux. La sympathie rend de plus grands services que la charité ; l'affection vaut plus que l'argent, et une bonne parole fait plus de plaisir qu'un cadeau.

Choisissez vos amis avec beaucoup de discrétion, « ce sont les ornements les plus beaux et les plus précieux de l'existence [2] ». Que votre société soit choisie parmi les honnêtes gens, dit George Herbert « et vous en serez vous-même ». — « Dites-moi qui vous fréquentez et je vous dirai qui vous êtes, » dit un proverbe espagnol.

---

(1) La Bruyère.
(2) Cicéron.

Le choix de nos amies n'est pas moins important. Combien de sages ont été ruinés par des sirènes, à commencer par le roi Salomon,

> « Dont la nature, quoique noble,
> Égarée par de belles idolâtres, tomba
> Jusqu'à servir d'immondes idoles [1]. »

« L'amitié, a dit Lily, est le joyau de notre vie, » et l'homme qui n'a pas d'amis est profondément à plaindre, car il est probablement seul responsable de son isolement.

> « Personne n'est si maudit par la destinée,
> Personne n'est si entièrement solitaire,
> Qu'aucun cœur, fût-ce secrètement,
> Ne vibre à l'unisson du sien [2]. »

Faut-il donc absolument, selon la triste parole de Keble, que nous soyons tous isolés et solitaires ?

> « Chacune enfermée dans sa sphère cachée de joie ou de douleur.
> Nos âmes dans leurs cellules séparées demeurent et vivent.
> Et nos yeux voient ce qui les entoure sous des apparences de bonheur ou de peine,
> Selon la lumière intérieure qui jaillit de chaque cœur [3]. »

La solitude cependant est souvent désirable, car il est difficile d'aimer son voisin si l'on est condamné à n'en être jamais séparé.

Il arrivera forcément que de temps en

(1) Milton.
(2) Longfellow.
(3) Keble.

temps vous vous croirez en droit de vous plaindre, mais alors soyez patient et raisonnable; essayez de vous mettre au point de vue des autres. Surtout ne vous pressez jamais ; la nature ne se presse pas. A vouloir aller trop vite on n'arrive pas, dit un vieux proverbe. Mais surtout, ne vous pressez pas de vous brouiller avec les gens. Réfléchissez d'abord, et attendez avant d'agir. Quelque froissé que vous puissiez être par la conduite d'un ami, au bout de vingt-quatre heures, cette conduite se présentera à votre esprit sous d'autres couleurs.

Si vous avez écrit une lettre mordante et spirituelle, mais blessante, laissez-la reposer jusqu'au lendemain. Et alors il y a fort à parier que vous la supprimerez.

Attachez-vous vos amis le plus fortement possible. Il vaut mieux n'en pas avoir que de ne pas en avoir de sûrs.

« N'entre pas au sentier des méchants et ne pose pas ton pied au chemin des pervers. Détourne-t'en, ne passe point par là : éloigne-toi et passe outre. Car ils ne dormiraient pas s'ils n'avaient fait quelque mal et le sommeil leur serait ôté, s'ils n'avaient fait tomber quelqu'un; car ils mangent le pain de méchanceté et ils boivent le vin d'extorsion. Mais le sentier des justes est comme la lumière resplendissante qui augmente son éclat jusqu'à ce que le jour soit en perfection [1]. »

(1) *Proverbes.*

Mais quoique ce soit une grande erreur que d'accorder notre amitié aux méchants et aux sots, il est peu sage d'en faire des ennemis, car ils sont très nombreux.

Lamb dit spirituellement que les présents rendent chers les absents, mais la bonté, la patience et la sympathie sont encore plus puissantes que les cadeaux.

Vos amis ont le droit de vous demander tout ce que vous êtes en mesure de leur donner, mais ils n'ont pas le droit de devenir des emprunteurs.

Ne soyez ni emprunteur ni prêteur, dit Shakespeare, car « on perd à la fois son argent et son ami, et celui qui emprunte n'est guère économe ». Et Salomon nous avertit que « celui qui se porte garant d'un étranger s'en repentira; mais celui qui hait les garanties sera sûr ».

Vos amis vous protégeront contre bien des dangers et bien des tristesses. Lorsque Auguste se vit accablé de honte par suite de l'inconduite de sa fille Julie : « Rien de tout cela ne serait arrivé, disait-il, si Agrippa ou Mécène étaient encore vivants. »

Et lorsque vous vous êtes fait de bons amis, sachez les conserver.

« Les amis que tu possèdes et dont l'amitié est éprouvée,
Attache-les à ton cœur avec des cercles d'acier [1]. »

Ne leur donnez jamais une raison de se plaindre de vous, si petite soit-elle.

(1) Shakespeare.

Et si la mort vient nous séparer de nos amis, nous pouvons encore conserver le doux espoir de les revoir. Cet espoir ne saurait sans doute pas nous consoler de leur perte, mais il nous aidera à la supporter avec patience.

L'acte le plus important de la vie est à coup sûr le mariage. L'amour semble embellir et inspirer la nature tout entière. Il transforme l'humble chenille en papillon aérien, fait briller au printemps les plus vives couleurs sur les ailes des oiseaux, allume la lampe du ver luisant, éveille la chanson des oiseaux et le chant des poètes. La nature inanimée elle-même semble subir son influence magique et les fleurs se parent des nuances les plus éclatantes.

« L'homme, dit Simonide, ne saurait connaître de plus grande bénédiction qu'une bonne épouse, ni de malédiction pire qu'une mauvaise. » — « Une gouttière perpétuelle au temps d'une grosse pluie et une femme querelleuse c'est tout un... Il vaut mieux habiter au coin d'un grenier qu'avec une femme querelleuse dans une grande maison [1]. »

Quant au choix d'une femme, il est assez délicat de donner un conseil utile. Certaines réflexions cependant s'imposent. Il ne convient pas de se marier de trop bonne heure. Ne faites ni un mariage d'argent, ni un mariage sans argent. Et à moins d'être très sûr que vous

---

(1) *Proverbes.*

voulez vraiment accepter toutes les charges du mariage, ne vous mariez pas ; car les gens mariés sont ou très heureux ou très malheureux. C'est une très grande responsabilité que de prendre femme. Ne vous fiez pas aux apparences et n'en soyez pas dupe, « car le mariage n'est pas affaire de regards et de mains jointes, mais de raison et de cœur [1] ».

Une bonne épouse est un soutien non seulement dans notre vie matérielle, mais aussi dans notre vie morale. « Les plus vils, dit Shakespeare, lorsqu'ils aiment voient s'épanouir dans leur cœur une noblesse qui n'est pas dans leur nature. » Et si les plus vils mêmes subissent cette influence bienfaisante, combien plus puissante ne sera t-elle pas chez ceux dont le cœur est déjà noble.

« Si un mariage est heureux, nous dit Tertullien, où trouverons-nous des paroles dignes de célébrer ce bonheur ?... Car ceux que ce bonheur unit ne sont séparés ni dans les soucis, ni dans l'adversité, ni dans la joie. Ils ne se cachent rien ; jamais ils ne se lassent l'un de l'autre. »

Vous acceptez votre femme, pour employer les admirables paroles de notre rite « pour la bonne fortune, et la mauvaise, pour la richesse et pour la pauvreté, pour la maladie et la santé, pour l'aimer et la chérir jusqu'à ce que la mort vous sépare ».

« Un mariage heureux, dit Stanley, est un

---

(1) Jeremy Taylor.

point de départ nouveau dans la vie, un recommencement et une source de félicités et d'œuvres nouvelles ; c'est l'unique occasion qui se présente à nous de dire adieu pour toujours à notre passé, à toutes ses fautes et à toutes ses folies, de repartir plein d'espoir, de courage et de force pour l'avenir qui s'ouvre devant nos pas. De notre maison nous pouvons faire une image du bonheur céleste. Le mari et la femme, le père et la mère, les frères et les sœurs, les parents et les enfants, chacun à sa façon peut aider et soutenir les siens mieux que ne le pourrait tout autre; car les occasions de bien faire sont perpétuelles; et chaque membre de la famille connaît le caractère de chaque autre mieux qu'il ne connaît aucun autre caractère. Personne ne saurait s'intéresser autant à eux, à leur bonheur, à leur gloire, à leur beauté morale, à leur bonté, car ils sont de même sang et de même chair, et le bonheur ou la gloire de chacun est pour tous les autres du bonheur et de la gloire ; ses souffrances, ses faiblesses, ou ses défaillances appartiennent à tous également, et tous en souffrent également. Et par la noblesse la pureté ou la force de l'un, tous les autres seront, même malgré eux, élevés jusqu'au devoir, jusqu'au ciel, jusqu'à Dieu. »

Finalement les enfants sont une grande mais en même temps une délicieuse responsabilité. On a dit souvent qu'ils nous sont donnés, et les parents imprévoyants s'excusent de leur négligence en disant que : « Puisque Dieu leur a donné une bouche il leur donnera de quoi manger; » mais Matthew Arnold fait remarquer avec justice, que peu de choses sont moins excusables que de donner naissance à de pauvres petits êtres que l'on ne peut ni nourrir convenablement, ni élever dans un bien-être relatif et assez sûr. Qu'ils grandissent réchauffés par un rayon d'amour; tout enfant qui a connu la bienfaisante chaleur de l'affection, sera mieux préparé à résister aux tempêtes de la vie.

Seul celui qui aime ses enfants sait quels accents délicieux pénètrent le cœur de celui qui vit en communion avec ces bien-aimés; leur puérilité, leurs bégaiements, leurs petites colères, leur innocence, leurs imperfections, leurs exigences sont autant de petites émanations de joie et de consolation pour celui qui se réjouit de les posséder et aime leur société. « Mais celui qui n'aime pas sa femme et ses enfants nourrit chez lui une lionne et entretient une source de tristesses; et la bénédiction céleste même ne saurait le rendre heureux; de sorte que tous les ordres que Dieu nous donne d'aimer notre épouse ne sont qu'autant de nécessités et de facultés de joie qu'il nous impose[1].

(1) Jeremy Taylor.

CHAPITRE XII

DE L'APPLICATION

Ne gaspillez jamais rien, mais surtout ne gaspillez jamais le temps. Chaque jour ne vient qu'une fois et ne revient plus. Le temps est un des dons les plus précieux du ciel : une fois dépensé rien ne pourra nous le rendre.

Le ciel lui-même est impuissant sur le passé;
Car ce qui a été a été, et l'heure écoulée ne revient jamais [1].

N'employez pas votre temps de telle façon que vous aurez plus tard à vous en reprocher l'emploi. Il n'y a pas de pensée plus mélancolique que la constatation « Il est trop tard » ou « Cela aurait pu être ». Le temps est un dépôt qu'on nous a confié; nous aurons à répondre de l'emploi de chaque instant. « Soyez économe de sommeil, comme de nourriture, mais surtout économe de temps. »
Nelson a dit qu'il trouvait l'explication de sa fortune dans ce fait qu'il arrivait partout un quart d'heure avant le moment où on l'attendait. « On ne devrait jamais, disait

(1) Dryden.

lord Melbourne, dire aux enfants autre chose que ces paroles : « C'est à vous de faire votre fortune dans la vie. Vous mourrez de faim ou vous réussirez selon les efforts que vous aurez faits. »

L'application d'ailleurs n'est pas seulement un élément essentiel pour réussir : elle a aussi une influence bienfaisante sur le caractère. « Ne sois jamais paresseux, dit J. Taylor, mais remplis tous les coins de ton esprit de quelque occupation utile et absorbante. Car le péché s'insinue facilement dans tous ces vides que laisse l'inaction de l'âme et la paresse du corps ; car tout homme paresseux, bien portant et inoccupé tombe dans la luxure si la tentation l'assaille. Mais de toutes les occupations, le travail corporel est le meilleur et le plus puissant contre le démon. »

« Le temps et le monde, dit Keble, sont les lieux d'épreuves où l'on se prépare au ciel et à l'éternité ; et les siècles à venir, Dieu les rendra pareils aux moments de notre vie. »

Faire quelque chose, si peu que ce soit, pour ajouter au bonheur ou à la moralité des autres, est à coup sûr l'ambition la plus haute, l'espoir le meilleur que puisse avoir un homme.

On dit que Pierre de Médicis employa Michel-Ange à sculpter une statue dans la neige. C'était sottement gaspiller des moments précieux. Nous gaspillons plus sottement encore nos moments précieux à sculpter des idoles dans la fange.

« Nous nous plaignons tous, dit Sénèque, de la brièveté de la vie et cependant nous avons plus de temps que nous ne savons employer. Beaucoup de la vie se passe à mal faire, davantage à ne rien faire, et presque tout à faire autre chose que ce qu'on devrait faire. »

Cependant quelque sage que soit notre emploi du temps, les plus favorisés d'entre nous aboutissent à peu de chose.

Un des éléments les plus importants du bonheur et du succès est sans contredit la faculté de travailler avec persévérance et suite. Cicéron disait qu'il faut pour réussir de l'audace, et encore de l'audace, et puis encore de l'audace. On ferait mieux de dire, qu'il faut de la persévérance, et encore de la persévérance, et puis encore de la persévérance.

Le travail n'est pas moins essentiel à l'esprit qu'au corps. Une journée de soucis épuise plus qu'une semaine de travail. Le souci détraque le système tout entier, le travail en assure le bon fonctionnement et la santé; l'exercice musculaire donne la santé du corps et l'exercice cérébral donne la tranquillité d'esprit; le travail de l'esprit donne la paix du cœur [1].

« Donnez à une jeune fille un vrai travail, un travail qui la prendra dès l'aube et la laissera lasse le soir, mais avec la conscience d'avoir travaillé utilement pour les autres, et

---

(1) Jancourt.

l'impuissante tristesse de ses enthousiasmes sans emploi deviendra une majesté de paix radieuse et bienfaisante¹. »

Peu importe ce que vous faites pourvu que vous fassiez quelque chose. Même les tentatives pour trouver la quadrature du cercle et la pierre philosophale ne sont pas restées stériles.

Les paroles, a dit Johnson, sont les filles de la Terre mais les actes sont les fils du Ciel — et quoi que vous fassiez, faites-le de toute votre âme, cultivez toutes vos facultés ; il faut s'en servir ou elles s'atrophieront.

« L'histoire du génie, ou du moins ce que l'on en peut saisir, est l'histoire d'un effort qu'aucun obstacle n'a pu lasser. » De très grands hommes ont prétendu que le génie est fait surtout d'application. Une femme de génie, George Eliot, se moque de l'idée que ses romans aient pu être écrits d'inspiration. « Le génie, disait Dwight, aux étudiants de Yale, c'est la faculté de persévérer dans l'effort². »

Il est plus fatigant, tout compte fait, de mendier que de travailler et cela rapporte moins. Tous devraient se suffire à eux-mêmes. « Un laboureur debout, dit Franklin, est supérieur à un noble à genoux. »

Cobbet, en parlant de sa célèbre « Grammaire Anglaise », nous dit : « J'ai appris la grammaire quand j'étais soldat à douze sous

---

(1) Ruskin.
(2) Le génie est une longue patience.   (BUFFON.)

par jour. J'étudiais assis sur le bord de mon lit; mon havresac était ma seule bibliothèque; un bout de planche posé sur mes genoux ma table; et ma tâche ne m'a pris qu'une année de ma vie. Je n'avais pas d'argent pour m'acheter de la bougie ou de l'huile; il m'arrivait rarement en hiver d'avoir d'autre lumière que celle du feu; et mon tour de m'y asseoir ne venait pas souvent. Ne croyez pas que ce fût peu de chose, le liard que je dépensais de temps en temps à acheter de l'encre, des plumes ou du papier. Ce liard était, hélas! une grosse somme pour moi. Tout l'argent qui me restait, après mes dépenses réglementaires pour la nourriture, était quatre sous par semaine. Je me rappelle — je ne l'oublierai jamais — qu'une fois j'avais, un certain vendredi, toutes dépenses soldées, juste un sou pour m'acheter un hareng saur pour le déjeuner du lendemain. Mais en me déshabillant, ce soir-là, presque mort de faim, j'ai vu que j'avais perdu mon sou! J'enfonçai ma tête sous ma misérable couverture et j'ai pleuré comme un enfant. Et, je le répète, si j'ai pu au milieu de telles difficultés, poursuivre ma tâche et la mener à bien, y a-t-il, peut-il y avoir dans le monde entier un seul jeune homme qui puisse trouver une excuse pour ne pas la mener à bien à son tour? »

Cobbet n'avait pas d'argent, mais il avait de l'énergie et du courage. « La plupart des hommes, dit Bacon, semblent ne point comprendre les richesses ni la force dont ils jouissent; ils se fient trop aux unes et trop peu à l'autre. L'indépendance et l'abnégation enseigneront à un homme à boire l'eau de sa propre citerne et à manger son propre pain en le trouvant savoureux, à travailler et à apprendre fidèlement pour gagner sa vie et à tirer le plus grand parti possible des choses qui lui sont confiées. »

« Travaille, dit la Nature à l'homme, à toute heure, avec ou sans récompense, travaille seulement, et la récompense viendra d'elle-même; que ton travail soit fin ou grossier, qu'il consiste à planter du blé ou à faire des épopées, pourvu que tu le fasses honnêtement et que tu puisses en être satisfait, je te dis qu'il t'apportera une récompense sensible et morale. Peu importent les défaites, la victoire est ton héritage. La récompense de tout bon travail, c'est de l'avoir fait [1]. »

Le grand sorcier Michel Scott, raconte sir Walter Scott, vit qu'il ne pouvait se protéger contre l'esprit qui le servait qu'en lui donnant perpétuellement de l'ouvrage. Cela est universellement vrai : l'Esprit du mal, chassé du cœur d'un homme, revint et le trouvant vide, y rentra avec sept autres esprits pires que lui-même [2].

La paresse n'est pas un repos. Elle fatigue plus que tout travail. Les Romains disaient :

(1) Emerson.
(2) Parabole du Seigneur.

« *Difficilis in otio quies.* » Il est difficile de se reposer en ne faisant rien.

Ne vous pressez jamais. La nature ne se presse pas. Le premier conseil que donne un guide suisse aux jeunes ascensionnistes est d'aller *immer langsam*, lentement et sûrement, car plus on monte doucement, plus on arrive vite au sommet. Arrêtez-vous de temps en temps, mais ne flânez pas. Le grand secret de tout progrès est de ne jamais se presser et de ne jamais flâner. « La Précipitation, dit un proverbe oriental, est l'envoyé du démon ; mais la Patience ouvre la porte de la félicité. »

Beaucoup de personnes semblent croire qu'on peut gagner du temps en se pressant. C'est une bien grande erreur. Il faut aller vivement, mais il importe bien plus de faire une chose bien que de la terminer rapidement.

D'ailleurs ce que l'on fait irrégulièrement, par accès et avec précipitation, épuise bien plus et demande un effort bien plus grand que si l'on marche, lentement, sûrement, régulièrement, sans précipitation ni confusion. La précipitation ne gâte pas que l'ouvrage : elle gâte la vie.

« Travaille sans hâte et sans repos, » telle était la maxime de Gœthe. Le mot *repos* ne rend pas tout à fait sa pensée à vrai dire. « Avance sans précipitation ; qu'aucune action inconsidérée ne vienne compromettre pour toujours les progrès de ton esprit. Réfléchis bien et sache distinguer le bien : poursuis le alors en sachant de quel pouvoir tu disposes. Avance sans précipitation ; des années ne peuvent pas racheter une seule action irréfléchie. Ne t'arrête pas. La vie poursuit son cours rapide. Va plein d'audace en attendant que la mort vienne. Laisse derrière toi quelque chose de puissant et de sublime qui vaincra le temps. Il est magnifique de survivre aux formes périssables dont nous sommes revêtus [1]. »

Travaillez de toutes vos forces, par conséquent, mais ne vous pressez pas, ne grossissez pas les choses et ne vous inquiétez pas à l'excès. Levez-vous de bonne heure, donnez à vos muscles et à votre cerveau, tout ce qu'ils exigent de repos et d'exercice ; soyez modéré dans vos repas, dormez toujours suffisamment, ne vous tracassez pas inutilement et soyez sûr que votre travail ne vous fera pas de mal. Les soucis et les excitations, l'impatience et l'anxiété n'avanceront pas votre ouvrage, et pourraient bien vous tuer à la longue, ou du moins vous livrer à quelque maladie grave. Mais si vous vivez d'une façon paisible et tranquille, le travail intellectuel et la pensée seront pour votre esprit ce que sont pour le corps l'exercice et le grand air.

Quels que soient vos devoirs et vos occupations, remplissez-les aussi bien que possible. Le duc de Wellington a dû ses victoires autant à ses facultés d'homme d'affaires qu'à

___
[1] Gœthe.

ses talents de général. Il s'occupait avec infiniment de suite de tous les détails de nourriture et de subsistance ; ses chevaux avaient toujours à manger, ses hommes de bons vêtements, de bons souliers et une excellente nourriture.

« As-tu vu un homme habile dans son travail ? Il sera au service des rois [1], » nous dit Salomon ; et saint Paul nous engage « à n'être pas paresseux pour autrui : soyez fervents d'esprit, servez le Seigneur ».

L'application amène toujours sa récompense. Colomb découvrit l'Amérique en cherchant le passage occidental aux Indes, et Gœthe nous fait remarquer que Saül trouva un royaume en cherchant les ânesses de son père.

« Ayez la résolution, dit Franklin, de faire votre devoir et faites toujours tout ce que vous avez résolu de faire. »

On suppose parfois que le génie peut suppléer au travail. C'est une grande erreur. Les hommes les plus doués n'arrivent qu'avec le travail ; quelques-uns des plus grands génies ont réussi dans la vie plutôt à force d'application que par suite de leurs dons naturels. Il est sans doute incontestable que certains hommes sont infiniment plus doués que d'autres. Mais si deux hommes de même âge poursuivent la même carrière, celui qui, tout en possédant les plus brillantes facultés, ne saura pas les employer méthodiquement,

---

(1) *Proverbes.*

énergiquement et virilement, se verra distancer à la longue par un concurrent moins doué mais appliqué et énergique. Le travail sans génie aboutira plus sûrement que le génie sans travail. Il n'y a pas d'avantages, pas de talents, pas de soutiens ni d'amitiés puissantes, qui puissent remplacer le manque d'application et les défauts de caractère.

Grosseteste, évêque de Lincoln et grand homme d'État, avait un frère paresseux qui vint un jour lui demander de faire de lui quelqu'un de considérable. « Frère, lui répondit l'évêque, si ta charrue est brisée, je te la ferai raccommoder ; si ton bœuf meurt, je t'en achèterai un autre ; mais je ne puis pas faire de toi un homme considérable ; je t'ai trouvé laboureur et laboureur tu resteras, j'en ai bien peur. »

Milton n'était pas seulement un homme de génie : c'était aussi un travailleur infatigable. Voici ce qu'il nous apprend sur ses habitudes : « En hiver, souvent bien avant que le son de la cloche ait réveillé l'homme pour l'action ou la prière ; en été, dès le premier chant des oiseaux et parfois avant, je me mets à lire les meilleurs auteurs ou je les fais lire à haute voix pour préparer l'attention ou garnir la mémoire ; puis par un travail sincère et généreux qui donne au corps santé et résistance, je rends une obéissance vive, sincère et spontanée à l'esprit pour aider à la cause de la religion et à la liberté de ma patrie. »

Ne regardez jamais votre travail comme un devoir morose. Il ne dépend que de vous de le rendre intéressant. Faites-le d'un cœur ardent; rendez-vous maître de toutes les difficultés de votre sujet, examinez toutes les causes qui ont pu modifier son histoire et étudiez-en tous les côtés; pensez à tout le bien que peut faire même le travail le plus humble; vous verrez alors que tout devoir mérite d'exciter votre enthousiasme. Vous finirez par aimer votre travail; et si vous le faites avec plaisir, vous le ferez avec facilité. Même si cela vous paraît d'abord impossible et si votre travail vous paraît fastidieux, il se peut bien que vous en retiriez cependant un grand avantage; tel qu'un vent de montagne un peu rude, l'effort même fortifiera votre caractère.

L'on se demande, et c'est une question très importante, combien de temps il faut accorder au sommeil. C'est la nature qui doit en décider. Certains tempéraments ont besoin de beaucoup dormir. Il serait imprudent de diminuer la quantité de sommeil qu'exige la nature. Le temps qu'on passe à bien dormir n'est jamais perdu. Rien ne refait plus efficacement l'énergie nerveuse, et ceux qui vivent dans les villes ne peuvent jamais trop la refaire.

La division du jour qu'adopta sir Edward Coke était la suivante :

Six heures de sommeil, six heures passées à étudier le droit,
Quatre à prier; les autres à contempler la nature.

Sir W. Jones modifia ainsi la formule :

Six heures pour le droit, sept pour le bienfaisant sommeil,
Dix pour les affaires du monde et toutes pour le Ciel.

Sept heures ne me suffiraient pas. Il faut dormir suffisamment pour être vraiment dispos en se réveillant.

Pendant nos jours de tristesse, toute occupation qui détourne nos pensées de nous-même est un grand soulagement.

« Le bonheur de la vie consiste à avoir toujours quelque chose à faire, quelque chose à aimer, quelque chose à espérer [1]. » Souvent, à vrai dire, nous remplissons nos heures inoccupées de toute espèce de vaines craintes et d'inutiles soucis.

Soyez toujours occupé, car

« Tu trouveras dans le travail et la pensée,
La paix que la tristesse ne connaît jamais [2].

« Tout endroit, dit le vieux Lily, est une patrie pour le sage, et chaque demeure un palais pour l'esprit calme. »

Travaillez cependant avec l'aide de la Nature et non contre elle. N'essayez pas de remonter le courant, à moins d'y être obligé, ce qui arrive parfois. Et dans ce cas, remontez-le énergiquement ; mais généralement la

(1) Chalmers.
(2) Stirling.

Nature nous vient en aide si nous ne la contrecarrons pas.

« Car comme en toute chose morale, celui qui méprise une loi de la nature les méprise toutes. L'univers tout entier se révolte alors contre lui, et la nature s'arme de toutes ses puissances innombrables et invisibles pour se venger de lui et de sa postérité, sans qu'il puisse prévoir à quel moment ni de quelle façon. Celui qui au contraire obéit à toutes les lois de la nature de tout son cœur et de toutes ses forces, verra tout collaborer en sa faveur. Il sera en paix avec l'univers physique. Le soleil au-dessus de sa tête et la poussière sous ses pieds lui viendront en aide : parce qu'il est en accord avec la volonté de Celui qui fit soleil et poussière et toutes choses, et qui leur a imposé une loi que nul ne peut mépriser [1]. »

(1) Kingsley.

CHAPITRE XIII

DE LA FOI

On nous dit dans des ouvrages de statistique que sur 1,500,000,000 d'hommes 400,000,000 sont bouddhistes ; 350,000,000 chrétiens; 200,000,000 hindous; 150,000,000 mahométans. Mais Selden, quoiqu'il ait exagéré dans le sens contraire, était assurément plus près de la vérité en disant : « que les hommes prétendent tous avoir la même religion afin de vivre tranquilles, mais que si l'on y regardait de bien près, l'on trouverait difficilement trois hommes ayant en tout point la même religion. »

Il n'y a rien d'extraordinaire à ce qu'il en soit ainsi. Puisque nous ne savons presque rien de ce monde, nous ne pouvons guère nous attendre à être mieux renseignés sur l'autre.

« Le monde merveilleux dans lequel nous vivons maintenant, dit Canon Liddon, est un temple de mystères augustes et innombrables, que le monde supérieur de la foi nous soit ouvert ou non. Vous irez vous promener peut-être demain dans la campagne : de tous côtés les bourgeons qui se gonflent de sève ou le vert tendre et frais des feuilles qui s'ouvrent vous rappelleront que déjà le printemps s'apprête à vous offrir le merveilleux spectacle de son triomphe annuel. Partout autour de vous sont les preuves de l'existence et de l'activité d'une puissance mystérieuse que vous ne pouvez ni voir, ni toucher, ni définir, ni mesurer, ni comprendre. Cette puissance existe : sans voix, sans bruit, invisible, mais agissante, dans chaque branche au-dessus de votre tête, dans chaque brin d'herbe sous vos pieds. »

Le doute est en réalité le fondement même de la philosophie. Nous vivons dans un monde de mystère, et si nous sommes incapables d'expliquer l'existence du plus petit insecte ou de la moindre fleur, comment pouvons-nous espérer comprendre l'infini? « Nous reconnaissons, dit le Dr Martineau, que les attributs de l'Eternel sont l'espace et le silence. Quand la rosée du soir a fait tomber la poussière soulevée par les soucis du jour, et que la vision fatiguée par les ennuis microscopiques de la journée se porte vers les vastes espaces de la méditation ; quand la terre dort comme un désert sous l'infini étoilé, la Présence ineffable nous enveloppe encore étroitement et nous fait tressaillir sous l'âpre vent du soir, et darde ses regards dans nos yeux par les antiques lumières du ciel. »

« L'existence humaine dit J. Stuart Mill, se présente d'abord entourée de mystère ; l'étroite région de notre expérienc est comme une petite île perdue sur une mer immense, qui élève nos sentiments en même temps qu'elle stimule notre imagination par son immensité et son obscurité. Ce qui obscurcit encore le mystère, c'est que le domaine de notre existence terrestre n'est pas seulement une île dans l'espace infini mais aussi dans le temps infini. »

Mais si l'on se trouve constamment forcé de rester dans son ignorance et de suspendre son jugement, l'on ne doit pas cependant perdre courage.

Nous scrutons beaucoup de choses que nous ne pouvons pas expliquer. « Si vous me demandiez dit saint Augustin, ce que c'est que le Temps, je ne saurais vous le dire. Mais je le sais parfaitement tant qu'on ne me le demande pas. » « Ceux qui me disent trop de choses sur la nature de Dieu, dit Martineau, qui en parlent comme s'ils connaissaient ses motifs et ses desseins en toute chose, qui ne sont jamais en peine d'expliquer la structure de toute chose et la raison et la miséricorde de chaque événement, ou qui louent l'économie adroite du Tout-Puissant, et la louent de haut, comme si elle était un chef-d'œuvre de raisonnement ingénieux, qui se promènent à travers toutes les voies de la Providence d'un air dégagé et d'un pas assuré : ceux-là par la précision même de leurs affirmations me poussent aux pires angoisses de l'incertitude et du doute, et me forcent à crier : « Promettez-moi moins de choses et je

« vous accorderai tout ce que vous pouvez
« demander. »

« Au milieu des mystères, dit Herbert Spencer, qui deviennent d'autant plus mystérieux qu'on y pense davantage, il y aura toujours la certitude absolue que l'homme est en présence d'une Energie infinie et éternelle, d'où tout émane. »

Il faut donc nous contenter de sentir; nous ne pourrons jamais tout définir.

Un grand nombre des différences qui séparent les hommes en sectes sont des *factions* plutôt que des religions. En dépit du conseil de saint Paul, ils persistent à dire : « Moi, je suis disciple de saint Paul; moi, je le suis d'Apollos. »

On attaque souvent les hommes de science sous prétexte qu'ils manquent de foi. Thoreau dit cependant : « En réalité il y a plus de religion dans la science, que de science dans la religion. »

Mais l'homme de science qui doute n'est pas sceptique par désir de railler; son doute est l'expression non du dédain, mais de la vénération. Comme Tennyson l'a bien dit :

« Hésitant dans sa foi, mais pur dans ses actes,
Il finit par découvrir une harmonie au fond des choses.
Il y a plus de foi, croyez-moi, dans le doute honnête
Que dans la plupart des credo. »

Qu'on me permette, par exemple, de m'en rapporter à deux hommes qui représentent bien leur classe. « Lorsque j'essaie, a dit le professeur Tyndall, de donner au pouvoir qui se manifeste dans l'univers, une forme objective personnelle ou impersonnelle, elle se dérobe toujours à toute expression intellectuelle. Je n'ose pas me servir du pronom personnel *Il* en en parlant ; je n'ose pas l'appeler un *Esprit* ; je ne veux pas même l'appeler une *Cause*. Le mystère de son existence m'accable. » Le professeur Huxley est un de nos penseurs les plus exercés ; il est d'ailleurs libre penseur et n'aime guère les institutions religieuses établies, mais il nous dit « Il m'est possible de concevoir l'existence d'une église établie qui serait un bienfait pour tous. Ce serait une église où, chaque semaine, des offices seraient consacrés non à la répétition de propositions de théologie abstraite, mais au développement d'un idéal de vie juste, pure et noble ; ce serait un endroit où ceux qu'écrase le fardeau de leurs soucis journaliers, trouveraient un instant de repos dans la contemplation de la vie supérieure, qui est à la portée de tous, bien que peu y atteignent ; où l'homme qui lutte et travaille en vue du gain aurait le temps de voir combien sont mesquines les récompenses qu'il recherche, en comparaison de la paix et de la charité. Croyez-moi, si cette église-là existait, personne n'en voudrait la suppression ».

Les théologiens essaient nécessairement de s'exprimer dans une langue que tous peuvent comprendre. Il serait injuste de la prendre au pied de la lettre. Lorsque les poètes parlent du lever du soleil, on ne les accuse pas d'ignorer l'astronomie. Lorsqu'on affirme que c'est la terre et non le soleil qui tourne, on ne prononce aucune hérésie contre Shakespeare ou Tennyson. Les découvertes de la science exigent une langue à part. Puisque nous ne pouvons pas décrire une fleur ou une pierre sans forger des mots nouveaux, à plus forte raison il est impossible d'exprimer l'Infini en termes humains. Pourquoi s'étonner alors si autrefois on attribuait à la présence d'esprits certains phénomènes qui sont dus à des maladies nerveuses?

Il n'y a aucun mérite à croire ce qu'il vous est impossible d'expliquer ni de comprendre. Il n'y a aucun mérite à croire sans évidence suffisante, ou à nous persuader que nous croyons une chose que nous ne comprenons pas. Il est même impossible de croire à ce qui ne repose sur *aucune* évidence. Nous avons le devoir de ne croire que ce que nous savons être vrai et de suspendre notre jugement pour tout le reste. Beaucoup de gens ont l'air de supposer qu'ils sont forcés soit de croire, soit de ne pas croire toute chose. Et cependant fort souvent nous n'avons pas le droit d'exprimer notre croyance ni notre scepticisme.

La foi véritable n'est point chose intellectuelle. Elle doit être chose vivante et la foi sans les œuvres est morte. Selden compare la foi et les œuvres à la chaleur et à la lumière. « Je puis par l'intelligence établir une division entre elles, de même que je sais que dans la flamme d'une bougie il y a lumière et chaleur réunies ; soufflez la bougie cependant et toutes deux disparaissent ensemble. » Les allusions du magnifique onzième chapitre de l'Épître aux Hébreux ont trait aux œuvres. Par la foi, Abel a fait ses sacrifices ; par la foi, Noë a construit l'Arche ; par la foi, Abraham a quitté sa terre natale. Tous ont dû avoir, ou du moins on admettra que tous croyaient avoir une raison suffisante de croire et de faire ce qu'ils ont fait. On les loue d'avoir regardé en face un devoir pénible ou difficile qu'ils ont accompli sans hésitation, parce qu'ils *croyaient* que c'était leur devoir. Un de nos devoirs cependant — et ce n'est pas le plus facile — est de tenir notre jugement en suspens toutes les fois que l'évidence est insuffisante. Il y a des cas fort nombreux où le doute est à coup sûr un devoir et presque une vertu.

« Nos minuscules systèmes ont leur jour de vogue ;
Ils ont leur jour et cessent d'être.
Ce ne sont que de pâles lueurs de la vérité,
Et toi, ô Seigneur, tu es plus grand qu'eux tous [1]. »

Peu à peu le voile qui nous cache la vérité se soulève, mais sur d'innombrables questions il nous faut pour le moment nous contenter de rester ignorants.

(1) Tennyson.

« Notre bonheur en tant qu'hommes dépend nécessairement de notre consentement à ne connaître que très imparfaitement les choses, même celles qui nous touchent de très près... Toute notre joie dans la vie, toute notre faculté d'agir énergiquement dépend de notre capacité de vivre et de respirer au milieu d'un nuage opaque. Contentons-nous de le voir s'ouvrir par endroits, réjouissons-nous de pouvoir, par moments, à travers ses déchirures, entrevoir la réalité stable. Et comprenons qu'il y a une beauté et une noblesse dans l'obscurité même qui nous entoure et soyons reconnaissants de voir exister ce voile bienfaisant qui nous cache la lumière excessive qui aurait pu nous brûler et la clarté infinie qui aurait pu nous lasser[1]. »

Le professeur Huxley le dit avec raison : « Quiconque se rappelle ce que j'oserai appeler le côté ensoleillé du christianisme ; son idéal de virilité, fait de force et de patience, de justice et de pitié pour la faiblesse des hommes, du désir d'aider autrui au point de se sacrifier soi-même, de pureté et de noblesse morales ; cet idéal que les apôtres nous ont décrit, auquel ont cru des armées de martyrs dont la foi fut inébranlable ; où des hommes et des femmes de naissance obscure, tels que John Knox et Catherine de Sienne, ont puisé le courage de parler avec sévérité à des papes et à des rois ; celui, dis-je, qui se rap-

---

(1) Ruskin.

pelle cet idéal-là, n'estimera jamais au-dessous de sa valeur l'importance de la foi chrétienne dans l'évolution de l'histoire de l'homme. »

Saint Marc nous dit qu'un des scribes vint au Christ et lui demanda quel était le premier de tous les commandements. « Et Jésus lui répondit : Le premier est celui-ci : Ecoute, ô Israël, le Seigneur notre Dieu est le seul Seigneur. Tu aimeras le Seigneur ton Dieu de tout ton cœur, de toute ton âme, de toute ta pensée et de toute ta force. C'est là le premier commandement. Et voici le second, qui lui est semblable : Tu aimeras ton prochain comme toi-même. Il n'y a point d'autre commandement plus grand que celui-ci. Et le scribe lui répondit : Maître, tu as bien dit et selon la vérité, qu'il n'y a qu'un seul Dieu et qu'il n'y en a point d'autre que lui, et que l'aimer de tout son cœur, de toute son intelligence, de toute sa force et aimer son prochain comme soi-même, c'est plus que tous les holocaustes et que tous les sacrifices. Jésus voyant qu'il avait répondu en homme intelligent, lui dit : Tu n'es pas éloigné du royaume de Dieu. »

CHAPITRE XIV

DE L'ESPÉRANCE

J'ai souvent entendu des gens exprimer leur surprise que l'Espérance soit rangée parmi les vertus au même titre que la Foi et la Charité. On comprend ou l'on peut admettre que la Foi soit une vertu; la Charité en est visiblement une; mais l'Espérance? Cependant puisqu'il est mal de désespérer, l'espérance est une vertu. La fortitude et la ténacité supposent l'espérance, et la fortitude est une preuve de caractère bien supérieure à tout acte isolé d'héroïsme, quelque noble qu'il soit. Plus d'une femme dévouée et malheureuse est une vraie martyre.

Ne prenez pas les choses trop à cœur. Personne n'est vaincu s'il n'est découragé.

Avec le bon sens spirituel qui le caractérisait, Sydney Smith a fort bien dit que si nous voulons faire bien dans ce monde « il ne faut pas rester frissonnant sur la rive à rêver au danger et au froid, mais se jeter hardiment dans l'eau et la traverser tant bien que mal ». Chose singulière, les hommes ne redoutent que rarement les vrais dangers, ils ont bien plus peur des dangers imaginaires. Ils ont, par exemple, une peur absurde du ridicule.

Ne vous laissez jamais aller à un sentiment de honte déraisonnable. Saint Pierre tint tête aux pharisiens et aux soldats, mais recula devant les ricanements des domestiques et des serviteurs du Grand Prêtre.

« Les lâches meurent beaucoup de fois avant leur mort: Les vaillants n'en goûtent l'amertume qu'une seule fois[1]. »

Don Quichotte, suspendu par le poignet à la fenêtre de l'écurie, se croyait sur un abîme effroyable, mais quand Maritorne eut coupé la corde il vit qu'il n'était qu'à quelques pouces du sol.

Les lions qui avaient terrifié Défiant et Timoré dans le *Progrès du Pèlerin* étaient enchaînés. Chrétien le vit bien dès qu'il s'approcha hardiment d'eux.

Combien d'armées victorieuses le jour ont fui la nuit pendant une panique ! Le mot panique a fini par signifier une terreur sans fondement. Et même le jour bien des terreurs et des anxiétés sont sans fondement.

L'homme qui se plaint de son sort devrait se demander avec qui il voudrait changer de destinée. Il ne peut pas espérer avoir la santé de tel homme, les richesses de tel autre et le bonheur domestique de tel autre encore. S'il est mécontent de sa vie, il lui faut y changer tout ou rien.

Coleridge, écrasé sous le malheur, écrivait à Sir Humphrey Davy : « Parmi tous ces

(1) Shakespeare.

changements, ces humiliations et ces terreurs, le sentiment de l'Eternel demeure en moi et soutient contre toute attaque la ferme croyance que tout ce que je souffre est chargé de bien pour moi. »

Ne vous laissez donc jamais aller au désespoir. Tout se rachète, sauf le désespoir. « Malheur à celui dont le cœur est lâche, » a dit Jésus, fils de Sirac.

Si le courage est anéanti, alors tout est anéanti :
Il aurait mieux valu ne point naître[1]. »

« Supporter notre destinée, c'est la vaincre[2]. »

« Evitez les décisions désespérées : le jour le plus sombre,
Si vous avez le courage de vivre jusqu'au lendemain, alors sera passé[3]. »

Tout le monde se trompe. Celui qui ne se trompe jamais ne fera jamais rien, a-t-on dit avec raison. Mais il ne faut jamais tomber deux fois dans la même erreur. Que vos erreurs vous servent de leçons. Elles deviendront ainsi des marches pour vous conduire à une vie supérieure.

Joseph Hume disait qu'il aimerait mieux avoir un caractère gai que 250,000 francs de rentes.

Pour l'action, le présent est tout. Mais dans un certain sens il vaut mieux et il est plus sage de vivre dans le passé et dans l'avenir. Beau-

(1) Gœthe.
(2) Campbell.
(3) Cowper.

coup de malheurs sont dus à ce fait, que nous avons sacrifié l'avenir au présent, le bonheur des années à venir à la satisfaction d'un moment. Sans doute « un Tiens vaut mieux que deux Tu l'auras », mais l'on ne sait jamais ce que l'avenir peut nous réserver et les plus heureux, parmi les hommes sont ceux « dont le plaisir est dans le souvenir et l'ambition dans le ciel [1]. »

Nous ne pourrons jamais nous tromper de beaucoup en pensant constamment à l'avenir, car l'homme « n'a qu'à quitter le Passager et le Périssable, auxquels la vraie vie ne saurait jamais s'associer, et l'Éternel et tous ses bienfaits descendra sur lui et habitera en lui ».

L'homme devrait avant toute chose, j'ose presque le dire, être viril et avoir « la volonté d'agir, l'âme d'oser [2] » car

« Nos doutes sont des traîtres
Qui nous font souvent perdre un bien à notre portée
En nous ôtant le courage de tenter l'aventure [3]. »

Le courage n'est pas seulement une vertu : c'est une partie essentielle du caractère viril. Un vrai homme doit être courageux comme une vraie femme doit être douce; mais il va sans dire que l'homme doit être doux autant que courageux et la femme courageuse autant que douce. La témérité n'est pas le courage. Le courage ne consiste pas à mépriser le dan-

(1) Ruskin.
(2) Scott.
(3) Shakespeare.

ger, mais à le regarder en face avec fermeté. Il n'y a pas de courage à courir des risques sans nécessité ; mais lorsque le danger est là, la lâcheté l'augmente : le contempler tranquillement et bravement en face est encore le plus sûr moyen de s'en tirer. Se sauver devant un ennemi est le plus sûr moyen au contraire de se faire tuer, surtout si, comme Achille, il est invulnérable partout sauf au talon.

Pour que les choses deviennent tout à fait terrifiantes, il semble généralement que l'obscurité soit nécessaire. Dès que nous voyons l'étendue exacte du danger, dès que nos yeux s'y accoutument, une grande partie de notre terreur se dissipe. Soyons toujours calmes et courageux.

N'espérez pas trop des choses. « Savoir peu espérer et beaucoup jouir des choses, dit Gœthe, est le vrai secret de la vie, » donc n'espérez pas trop et soyez patient. Tout vient à point à qui sait attendre. On a dit avec raison que les ombres les plus tristes que nous rencontrions sont celles que nous nous créons à nous-mêmes. De toute façon d'ailleurs il faut nous attendre à connaître des tristesses, mais il faut apprendre à les supporter avec courage.

« Rappelez-vous, dit Richter, dans vos moments de plus sombre tristesse, le souvenir des heures brillantes de bonheur. »

« Apprenez aussi que c'est une chose sublime
Que de souffrir sans faiblesse. »

Nous avons d'ailleurs toujours la consolation de savoir que :

« Advienne que pourra,
Le temps et l'occasion passent à travers la plus orageuse journée [1]. »

« Après l'hiver vient l'été ; après la nuit revient le jour et à une tempête succède une grande accalmie [2]. »

Quelque sombre que paraisse notre vie, rappelons-nous que le temps adoucira les pires tristesses. « La tristesse peut durer une nuit, mais avec le matin vient la joie. »

« Tais-toi, triste cœur, et cesse de te plaindre.
Derrière les nuages le soleil luit encore ;
Ton sort est le sort de tous ;
Dans chaque vie il faut bien qu'il y ait des heures d'orage
Et que quelques jours soient tristes et sombres [3]. »

S'il vous arrive quelque événement qui vous paraisse un malheur, assurez-vous-en avant de le croire tout à fait ; les apparences sont si souvent trompeuses ; nous ne vivons pas dans un monde où il convient de se laisser décourager par des choses frivoles. Nous ne savons jamais avant de l'avoir essayé tout ce que nous sommes capables de faire. La tristesse et le malheur sont parfois des amis déguisés. Nelson trouva moyen de

(1) Shakespeare.
(2) L'*Imitation*.
(3) Longfellow.

profiter même de son œil perdu le jour où il le tourna du côté du signal de retraite; qu'il ne voulait pas voir.

« Il y a des hommes dit Sir E. M. Grant Duff dans sa charmante *Vie de Renan*, dont nous n'aurions pas voulu vivre la vie, mais dont nous envions la mort. » Dans l'histoire l'échafaud a rendu immortels autant de noms que le trône, et si nous souffrons, c'est par notre faute ou pour le bien d'autrui.

« Le sage ne s'assied pas pour se lamenter,
Mais se met gaiement à la besogne pour réparer le mal[1]. »

Tandis qu'il convient de jouir pleinement et d'un cœur reconnaissant de tous les innombrables bienfaits de l'existence, il ne faut pas considérer nos tristesses et nos souffrances comme des maux absolus. Personne ne pourrait se considérer comme rendu meilleur par un succès constant et ininterrompu: en admettant même que ce succès ne gâtât pas le caractère, il finirait par l'énerver et l'affaiblir. C'est en surmontant toutes les difficultés, en résistant à toutes les tentations, en supportant avec courage toutes les tristesses qu'on épure, fortifie et élève le caractère. « Puisque nous sommes en face de l'Eternité, il faut marcher vers elle noblement[2]. »

Quelque jouissance que nous éprouvions aux caresses des doux zéphyrs et du soleil

(1) Shakespeare.
(2) Geikie.

d'été, il ne faut pas oublier que la Nature doit beaucoup de sa beauté et de sa sublimité aux neiges et aux tempêtes de l'hiver.

Les malheurs sont comme un vent rude mais qui fortifie. Ils sont nécessaires au developpement du caractère.

« Que crois-tu donc, dit Epictète, que fût devenu Hercule s'il n'y avait pas eu le fameux lion, et l'hydre, et le cerf, et le sanglier, et tous ces hommes iniques et cruels qu'il a chassés et dont il a purgé la terre ? Qu'aurait-il fait si rien de pareil n'avait existé ? Il est évident qu'il se serait enveloppé dans son manteau et y aurait dormi. Tout d'abord donc il n'aurait pas été Hercule si dans la mollesse et le repos il eût dormi toute sa vie, et s'il l'avait été, à quoi aurait-il servi, quel emploi aurait-il eu pour son bras et toute sa force, pour sa patience et pour son courage, sans de telles circonstances et de telles occasions pour le stimuler et pour l'exercer ? »

Lorsque Socrate fut condamné, Apollodore se plaignait de ce qu'il avait été condamné injustement. « Auriez-vous préféré, dit le philosophe, que je fusse coupable ? » — « Car, dit saint Pierre, cela est agréable à Dieu lorsque quelqu'un par un motif de conscience, endure de mauvais traitements en souffrant injustement ; si en faisant bien vous êtes maltraité et que vous le souffriez patiemment, c'est à cela que Dieu prend plaisir. »

CHAPITRE XV

DE LA CHARITÉ

Non seulement nous devrions agir envers les autres comme nous voudrions les voir agir à notre égard, mais nous devrions aussi avoir sur les autres des avis bienveillants si nous voulons qu'ils en aient de bienveillants sur nous. Si nous ne leur montrons aucune indulgence, comment pourraient-ils en avoir pour nous ? D'ailleurs, on constate généralement qu'une opinion charitable a plus de chance d'être fondée que toute autre.

« Il y a des gens qui semblent croire qu'ils surmonteront les difficultés de la vie comme Annibal, dit-on, traversa les Alpes, en les arrosant de vinaigre[1]. » D'autres sont prêts aux plus grands sacrifices, mais négligent ces petites preuves de bonté et d'affection qui font tant cependant pour rendre la vie heureuse et douce.

Même si nous avons des raisons de nous plaindre, le tort qu'on nous a fait est généralement moins grave que nous ne le supposons et tout ressentiment ne ferait que l'ag-

---

(1) *Guesses at Truth.*

graver. Aucun tort ne nous fait plus de mal que le désir de nous venger. Celui qui a voulu nuire à un autre s'est nui à lui-même davantage encore, et l'abeille périt pour avoir piqué avec trop de colère.

Le vautour, nous dit-on, n'a d'odorat que pour la charogne; et il y a une espèce de tortue, prétend-on, qui mord avant de quitter l'œuf et après sa mort.

Il y a des gens qui traversent la vie sans autre idée que de trouver des défauts partout. Il est plus sage cependant d'admirer que de critiquer, et une critique malveillante n'a pas de portée. La critique peut être vraie : elle n'est cependant pas toute la vérité. Il est intéressant d'être derrière la scène ; mais ce n'est pas de là qu'on voit le mieux la pièce. Essayez de voir le bien plutôt que le mal chez les gens et chez les choses : vous le verrez presque toujours.

Soyez toujours patient. Nous savons que si les enfants pleurent, c'est neuf fois sur dix parce qu'ils souffrent : et les hommes ne sont que de grands enfants sous ce rapport comme sous beaucoup d'autres. Dans bien des cas, si nous savions tout, si nous connaissions tous les sentiments de ceux qui sont de mauvaise humeur, nous les plaindrions au lieu de nous fâcher contre eux.

Si on nous apprend qu'une personne est souffrante, notre indulgence lui est immédiatement acquise. Nous ne lui refusons rien. Nous faisons tout pour la soulager. Nous lui évitons toute espèce d'ennui ou de fatigue. Pourquoi ne le ferions-nous que dans ces moments-là? Comme il vaudrait mieux être toujours bienveillants et indulgents!

Nous ne pouvons jamais connaître tout le poids des tristesses, tous les soucis, toutes les souffrances secrètes d'autrui. Par conséquent, même si vous croyez avoir le droit de vous plaindre, soyez indulgents. Vous ne le serez jamais trop. Prenez les gens par leur bon côté. *De mortuis nil nisi bonum* est une excellente maxime; mais pourquoi s'en tenir aux morts? Comment se fait-il que pour une seule parole cordiale, un seul acte de bonté, on nous rapporte tant d'histoires méchantes ou de dures critiques? Quel dommage que l'on ne parle pas des vivants avec autant de charité que des morts!

Ne condamnez donc jamais avec précipitation et condamnez le moins possible.

« Ne juge pas ton frère! tu ne pourras jamais pénétrer
Tous les secrets de son cerveau et de son cœur.
Ce qui paraît souillure à tes yeux obscurcis,
A la pure lumière de Dieu, pourrait n'être
Qu'une cicatrice laissée sur son front par quelque dur
  combat victorieux
Où toi, tu aurais défailli et cédé[1]. »

Il y aura, il y a toujours des moments où il sera nécessaire d'exprimer sa désapprobation; mais en thèse générale si vous ne pouvez pas dire une parole bienveilllante et

---

(1) A.-A. Procter.

charitable, n'en prononcez aucune. Sydney Smith, dit-on, envoya dire à un ami qui avait dit du mal de lui pendant son absence, qu'il lui donnait la permission de lui donner des coups de pied aussi quand il ne serait pas là. En général cependant nous aimons mieux qu'on nous dise nos vérités en face, et nous n'admettons pas qu'on parle de nous quand il est impossible que nous nous défendions. Les gens peuvent rire et paraître amusés d'entendre dire des choses mordantes, mais soyez sûr qu'ils concluront tout naturellement que vous en dites aussi sur leur compte et se méfieront de vous, tout en riant sur le moment.

« Donc, jugez avec indulgence l'homme votre frère,
Et avec plus d'indulgence encore la femme, votre sœur,
Quoiqu'ils aient pu s'écarter du bon chemin en le sachant,
Car il est humain d'errer.

Soyons donc muets devant la balance.
Nous ne pourrons jamais l'ajuster;
Nous pouvons dans une certaine mesure peser ce qui a été fait,
Mais nous ne savons jamais ce qui a été réprimé[1]. »

Qu'on me permette aussi de plaider la cause des animaux. Sénèque dit avec raison que « tant avec nos hameçons, nos pièges, nos filets, nos chiens (on pourrait ajouter aujourd'hui, nos fusils), nous sommes en guerre

(1) Burns.

avec tous les êtres vivants ». Il semble que nous ne puissions pas éviter de vivre en partie aux dépens des autres créatures animales. Mais précisément parce que nous leur devons tant nous devrions au moins ne pas leur infliger des souffrances inutiles

« Et ne point mêler notre plaisir où notre orgueil
A la douleur de la plus humble créature sensible [1]. »

Et « si ton cœur est pur, toute créature te deviendra un miroir de la vie, un livre de saintes doctrines [2] ».

Nous ne croyons plus aujourd'hui que les bêtes aient des âmes et cependant la majorité des hommes, depuis Bouddha jusqu'à Kingsley l'a cru.

Les oiseaux surtout ont quelque chose de céleste. « Saint François d'Assise, sûr d'avoir lui-même une âme, croyait qu'il était au moins possible que les oiseaux en eussent une aussi, incarnée comme la sienne dans une chair périssable ; il ne voyait aucune déchéance pour l'homme à réclamer sa parenté d'amour avec des êtres si beaux, si merveilleux qui (il le croyait dans sa naïveté antique) louaient Dieu dans les forêts comme les anges au ciel [3]. »

Quoi qu'il en soit, il convient de traiter tous les animaux avec bonté et bienveillance : c'est

(1) Wordsworth.
(2) L'*Imitation*.
(3) Kingsley.

un crime que de leur infliger des souffrances inutiles. Wordsworth affirme que « la meilleure partie d'une vie humaine consiste dans tous les petits actes innomés, oubliés, de bonté et d'amour ».

> Celui-là prie le mieux, qui aime le mieux
> Tous les êtres, grands et petits,
> Car le Dieu de bonté qui nous aime,
> Les a créés et les aime tous [1].

Parmi tous les beaux passages de Shakespeare il n'y en a pas de plus magnifique que celui où il nous dit :

Le propre de la clémence, c'est de n'être pas forcée
Elle tombe comme la douce rosée du ciel,
Sur le lieu placé au-dessus d'elle ; deux fois bienfaisante,
Elle fait du bien à celui qui donne et à celui qui reçoit ;
Sa puissance éclate surtout chez les tout-puissants :
Elle sied bien mieux
Au monarque sur le trône que sa couronne elle-même.
Son sceptre est l'emblème de sa puissance temporelle,
C'est l'attribut de la vénération et de la majesté,
En un mot c'est ce qui fait craindre et redouter les rois,
Mais la clémence est au-dessus de l'autorité du sceptre,
Elle a son trône dans le cœur des rois.
C'est un des attributs de la divinité ;
Le pouvoir terrestre qui approche le plus de celui de Dieu,
C'est la justice tempérée par la clémence.

On considère trop souvent que charité est synonyme d'aumône, et, sans doute, ils ont raison ces vers célèbres :

---

(1) Coleridge.

Les étrangers et les pauvres sont des envoyés de Zeus
Et l'aumône quelque faible qu'elle soit est une douce
 chose.

Mais l'aumône n'est qu'une forme de la charité : ce n'est même pas sa forme la plus haute ; et c'est celle qui, exercée sans discernement, peut faire plus de mal que de bien.

L'affection et la sympathie ont une autre importance :

Enseignez-moi à compatir aux souffrances d'autrui,
A cacher les défauts que je vois,
Et la pitié que je montre aux autres,
Montrez-la à mes erreurs [1].

Oubliez le mal mais n'oubliez jamais le bien.

Combien plus perçante que la morsure du serpent,
Est l'ingratitude d'un enfant [2].

« Qu'ils sont nombreux ceux qui ne méritent pas de voir la lumière du jour ! Et cependant le soleil se lève tous les jours [3]. »

« Supposons que vous soyez dans l'épouvante de la mort prochaine ; que vous soyez à la veille de paraître, nu et sans déguisement, devant le juge de toute la terre, pour rendre compte de vos actes envers vos prochains : y a-t-il rien qui puisse contribuer plus puissamment à cette épouvante devant

(1) Pope.
(2) Shakespeare.
(3) Sénèque.

le jugement, que la pensée que vous vous êtes montré implacable et sans charité envers ceux qui vous ont offensé, dénué de cet esprit de pardon qui est le seul espoir que vous puissiez garder vous-même à cette heure? » Et ces terreurs naturelles sont justifiées ; Notre-Seigneur a dit : « Mais si vous ne pardonnez pas aux hommes leurs offenses, votre Père ne vous pardonnera pas non plus les vôtres. »

Le divin précepte, qu'il faut pardonner les offenses et aimer nos ennemis, bien qu'il se retrouve dans d'autres systèmes de morale, est surtout un précepte chrétien. La Bible en affirme coup sur coup l'importance. « Car si vous pardonnez aux hommes leurs offenses, votre Père céleste vous pardonnera aussi les vôtres; mais il ne vous pardonnera pas si vous ne pardonnez pas aux hommes leurs offenses. » Bien plus ; le pardon ne suffit pas. Il faut aller plus loin. « Je vous dis : Aimez vos ennemis, bénissez ceux qui vous maudissent, faites du bien à ceux qui vous haïssent et priez pour ceux qui vous outragent et vous persécutent, afin que vous soyez les enfants de votre Père qui est dans les cieux; car il fait luire son soleil sur les méchants et sur les justes et il fait pleuvoir sur les justes et sur les injustes.

« La charité, dit saint Paul, la charité est patiente, elle est pleine de bonté; la charité n'est point envieuse; la charité n'est point insolente; elle ne s'enfle point d'orgueil; elle n'est point malhonnête; elle ne cherche point son intérêt; elle ne s'aigrit point; elle ne soupçonne point de mal; elle ne se réjouit point de l'injustice, mais elle se réjouit de la vérité; elle excuse tout, elle croit tout, elle espère tout, elle supporte tout... La charité ne périt jamais; pour ce qui est des prophéties elles seront abolies; et le don des langues cessera; et la connaissance sera anéantie. Maintenant donc ces vertus demeurent : la Foi, l'Espérance et la Charité.

Mais la plus grande est la Charité[1]. »

(1) Saint Paul

CHAPITRE XVI

DU CARACTÈRE

Pour réussir dans la vie, du caractère et de la régularité sont bien plus nécessaires que du savoir-faire. Je ne veux pas dire, bien entendu, qu'il importe d'avoir du caractère parce que le succès dans les affaires est à ce prix, mais la remarque n'en reste pas moins vraie. Il importe plus de faire le bien que de savoir que nous le faisons ; et, soit que nous veuillons devenir vertueux soit que nous désirions réussir et être heureux, il faut toujours s'y prendre de la même façon.

La valeur de la vie doit être mesurée à sa valeur morale. Quand une fois vous aurez pris la résolution de ne jamais rester indécis, quand votre conscience vous a dit ce qu'il faut faire, vous aurez trouvé la clef de tout le bonheur qu'un pécheur peut raisonnablement espérer.

Vous n'ajouterez jamais à votre bonheur en négligeant votre devoir ou en vous y dérobant. C'est la marque d'un homme sage comme d'un homme vertueux :

« De ne point parlementer avec des craintes indignes d'un homme.

Là où le devoir l'appelle il se dirige avec confiance.
Il brave mille dangers si son devoir l'exige.
Et, se fiant à son Dieu, il les surmonte tous [1]. »

Que faut-il pour bien réussir dans la vie?

Une seule chose est nécessaire : l'argent importe peu; le pouvoir, l'intelligence, la renommée ne sont pas nécessaires; la liberté n'est pas nécessaire; la santé même n'est pas l'unique chose nécessaire : mais ce qui est nécessaire, c'est le caractère, une volonté en tout point cultivée, c'est ce qui seul peut nous sauver; si nous ne sommes pas sauvés par là, nous serons assurément damnés.

Votre caractère sera tel que vous aurez voulu le faire. Nous ne pouvons pas tous être des poètes ou des musiciens, de grands artistes ou des hommes de science, mais « il y a bien d'autres choses desquelles tu ne peux pas dire : Je n'y suis point propre. Fais donc ce qui est tout entier en ton pouvoir : sois sincère, grave, laborieux, ennemi des plaisirs, résigné à la destinée, satisfait de peu, bienveillant, libre, sans amour pour le luxe, la frivolité, la magnificence. Ne songes-tu pas combien de choses tu peux exécuter dès aujourd'hui, pour lesquelles tu n'as pas l'excuse d'inaptitude et d'insuffisance? Et pourtant tu restes volontairement au-dessous de tes devoirs. Est-ce une imbécillité naturelle qui t'oblige à murmurer, à montrer ta paresse, à flatter, à excuser ton misérable corps,

[1] Wordsworth.

à céder à ses caprices, à te livrer à la vanité, à rouler tant de projets? Non! par les Dieux, non! Depuis longtemps tu as pu être libre de ces défauts. Seulement si tu es véritablement né avec un esprit lent, peu pénétrant, il faut t'attacher à ce défaut lui-même, ne point négliger cette pesanteur d'esprit, ni t'y complaire. »

Ne faites jamais rien dont vous ayez à rougir. Il y a une bonne opinion qui est de la plus haute importance pour vous : c'est la vôtre. « Une conscience tranquille, dit Sénèque, est une fête perpétuelle. »

Franklin, à qui nous devons bien des conseils salutaires, suivit un plan de conduite que je ne puis guère approuver. Après avoir énuméré avec clarté et précision les vertus, il dit : « Comme je me proposais de les acquérir toutes, j'ai pensé que je ferais bien de ne pas fatiguer mon attention, en m'occupant de toutes à la fois. Maître de la première, je passerais à la suivante, et ainsi de suite jusqu'à ce que j'eusse acquis toutes les treize (la tempérance, le silence, l'ordre, la fortitude, la frugalité, l'application, la sincérité, la justice, la modération, la propreté, la paix d'âme, la chasteté, l'humilité). »

Il me paraît difficile de croire qu'il ait suivi cette méthode car : « Si vous aubergez un seul des parents de Satan, toute la famille suivra. »

« Nous serions bien étonnés, dit l'évêque Wilson, d'entendre dire à quelqu'un qui viendrait de faire l'aumône à un homme : Allez au cabaret dépenser ce que je vous ai donné, allez le jouer, allez vous acheter quelque ridicule jouet. Pourquoi alors faire soi-même ce qu'il serait absurde de recommander à un autre ? »

Marchez les yeux levés et non baissés. « Celui qui ne lève pas les yeux, dit Beaconsfield, ne verra que les choses de la terre ; et l'esprit qui n'ose pas parfois prendre son essor vers le ciel est destiné à ramper contre la terre. »

Sans doute, si l'on considère le fond des choses, les ambitions vulgaires sont méprisables, et nos plus grands hommes, Shakespeare et Milton, Newton et Darwin, n'ont rien dû aux honneurs ni aux titres que donnent les gouvernements.

Un des grands désavantages des ambitions vulgaires, c'est de ne pouvoir jamais être satisfaites. Dans l'ascension d'une montagne, lorsque nous avons atteint un sommet, nous en voyons un autre se dresser devant nous. Les plus grands conquérants, par exemple Alexandre et Napoléon, n'étaient jamais satisfaits. Victimes d'une ambition excessive ils ne pouvaient pas « se reposer et se montrer reconnaissants de leur bonheur ». « Celui qui est accoutumé au succès, dit Bacon, et qui est arrêté dans son progrès, est mécontent de lui-même et n'est plus ce qu'il était. »

Cependant c'est aller trop loin que de dire comme le poète que :

> Une heure tumultueuse de vie éclatante
> Vaut un siècle sans renommée [1].

L'ambition égoïste est comme le feu follet, une brillante tromperie.

A lui seul, que peut faire le rang ? Marie de Médicis, reine, puis régente de France, mère du roi de France, de la reine d'Espagne, de la reine d'Angleterre, et de la Duchesse de Savoie, fut abandonnée par les souverains ses enfants qui refusaient même de la recevoir dans leurs domaines, et mourut à Cologne dans la misère, manquant presque de pain, après dix années de persécution. Toutes les couronnes sont plus ou moins des couronnes d'épines. Et plus celui qui en porte une est noble, est consciencieux, plus les responsabilités du pouvoir pèsent sur lui. Il est impossible de ne pas se sentir inquiet lorsqu'une seule erreur de jugement peut faire le malheur de milliers de personnes.

L'homme n'a pas été fait pour rester stationnaire, mais pour avancer ; du moins beaucoup de nous ne peuvent pas rester en place ; il nous faut avancer ou mourir. Dans nos aspirations cependant il faut choisir avec conscience nos moyens aussi bien que notre but. Une élévation apparente n'est qu'un abaissement, si elle est obtenue par des moyens indignes.

De quelle façon alors pourrions-nous concilier ces deux besoins contradictoires de

---

[1] Scott.

notre nature? Notre ambition devrait être de gouverner notre âme qui est notre véritable royaume. Le progrès véritable, c'est d'apprendre toujours davantage, de devenir toujours plus complets, et de pouvoir toujours davantage ; et ce progrès-là ne connaît pas d'arrêt nécessaire ; à chaque pas, il devient plus sûr, et non pas plus dangereux. La première et la plus haute ambition que puisse avoir un homme, c'est de faire son devoir.

On dit que le mot *gloire* ne se trouve pas une seule fois dans les dépêches du duc de Wellington. Le *devoir*, tel était le mot d'ordre de toute sa vie.

Donc sans condamner toute ambition, que la vôtre cependant soit celle du saint et du sage, car :

La vanité elle-même aurait mieux enseigné
Un chemin plus sûr pour arriver à la renommée qu'il
　convoitait,
En montrant dans les pages de l'histoire
Dix mille conquérants pour un seul sage.

Dans cent ans, qu'importera-t-il que vous soyez riche ou pauvre ? noble ou paysan ? Mais il importera peut-être beaucoup que vous ayez fait ce qui est bien ou ce qui est mal... « Ce que nous pensons, ce que nous savons, ou ce que nous croyons, est en fin de compte de peu d'importance. La seule chose qui importe, c'est ce que nous faisons [1]. »

---

(1) Ruskin.

Mais où trouver la sagesse ?
Et où est le lieu de l'intelligence ?
L'homme ne connaît pas son prix.
Et elle ne se trouve pas dans la terre des vivants.
L'abîme dit : « Elle n'est pas en moi. »
Et la mer dit : « Elle n'est pas avec moi. »
Elle ne se donne pas pour l'or fin ;
Elle ne s'achète point au poids de l'argent ;
En comparaison d'elle on ne parlera point de corail ni de béryl.
Et le prix de la sagesse surpasse celui des perles.
La crainte du Seigneur est la vraie sagesse
Et l'intelligence consiste à se détourner du mal [1].

Soyez franc et véridique. « Le premier péché commis sur la terre, dit Jean-Paul Richter — heureusement que c'est le diable qui en a été coupable — fut un mensonge. »

« Le double poids est en abomination à l'Éternel, mais la bonne mesure est sa joie [2]. »

« La vérité, dit Chaucer, est la plus belle chose qu'un homme puisse posséder. »

Clarendon dit de Falkland qu'il « adorait tellement la vérité qu'il ne se serait pas plus permis de mentir que de voler ».

« Mentir, dit Plutarque, c'est montrer en premier lieu qu'on méprise Dieu, puis qu'on craint l'homme. »

Il convient d'avoir honte si l'on a tort, mais il ne faut jamais avoir honte de l'avouer.

« Il y a d'innombrables qualités qui font un homme et le rendent apte à ce qu'il doit faire

---

(1) Job.
(2) *Proverbes.*

dans la vie. Mais il y a une qualité essentielle et sans laquelle un homme cesse d'être un homme, sans laquelle aucune grande vie n'a jamais été vécue, sans laquelle aucune œuvre véritablement grande n'a pu se faire. Je veux dire la vérité, la vérité intime. Passez en revue tous ceux qui ont été grands ou vertueux ; pourquoi les appelons-nous vertueux ou grands ? Parce qu'ils osent être vraiment fidèles à eux-mêmes, ils osent être ce qu'ils sont. »

Retiens ceci surtout : sois fidèle à toi-même.
Et il s'ensuivra, aussi certainement que la nuit suit le jour,
Que tu ne pourras jamais être faux envers aucun homme [1].

« Il y a, dit Wordsworth, deux choses qui ne peuvent pas être séparées, quelque opposées qu'elles puissent paraître : la dépendance virile et la virile indépendance ; la confiance virile et la virile habitude de ne compter que sur soi-même. »

Apprenez à obéir et vous saurez commander ; un mauvais soldat ne fera jamais un bon général.

« Si le succès vous suit, ne cédez pas à l'orgueil. » « L'orgueil va devant l'écrasement, et la fierté de l'esprit devant la ruine [2]. »

Nous associons dans notre pensée la passion et l'action, la patience et l'inaction. Mais c'est

(1) Shakespeare.
(2) *Proverbes.*

là une erreur. La patience exige de la force d'âme, tandis que la passion est une marque de faiblesse et un manque de domination de soi-même.

Si vous occupez un poste quelconque, soyez méticuleusement juste et courtois.

Sadi nous raconte qu'un roi d'Orient donna un jour l'ordre de mettre à mort un homme innocent. Celui-ci lui dit : « O roi, épargne-toi ; je ne souffrirai que pendant un instant, tandis que ta faute sera éternelle. » Le pouvoir entraîne toujours des responsabilités. Ne pensez jamais à ce que vous aimeriez faire, mais à ce qu'il est de votre devoir d'accomplir. C'est là le seul et véritable moyen d'atteindre au bonheur.

Si vous hésitez entre deux devoirs, choisissez le plus prochain. Il y a des gens qui négligent leur famille pour s'occuper de la conversion des sauvages ; mais on doit d'abord exercer la sympathie, comme la charité, envers les siens.

Tout dans ce monde existe en vue du bien. Nous pouvons nous en convaincre facilement. Nous parlons tous de la punition qu'amène le péché. Et d'où vient cette punition ? De nous-mêmes. Le monde est ainsi fait, que la vertu est une source de joie, et que le mal amène avec soi la douleur. Pécher sans en souffrir serait en désaccord avec les lois naturelles.

La rémission des péchés ne signifie pas que nous ne serons pas punis. Cela serait non seulement une impossibilité, mais un malheur.

En réalité il n'y a pas de plus grand malheur que de prospérer en faisant le mal. Si vous faites le mal, le souvenir du passé empoisonnera tout votre avenir. Ceux que vous avez offensé vous pardonneront peut-être, mais en faisant cela ils vous « entassent des charbons ardents sur la tête », car leur générosité rendra votre action plus noire.

La conduite décide de la vie ; le bonheur et la prospérité en dépendent. Les événements extérieurs ont relativement peu d'importance ; ce qui nous entoure n'importe pas autant que ce que nous faisons. Surveillez-vous donc jour par jour ; l'habitude est une seconde nature.

« Semez un acte et vous récolterez une habitude. Semez une habitude et vous récolterez un caractère. Semez un caractère et vous récolterez une destinée. » Chaque jour amène chez nous un développement dans le sens du bien ou du mal ; il est bon de se demander chaque soir où nous en sommes.

« L'humanité, dit Emerson, se divise en deux classes : ceux qui font le bien et ceux qui font le mal. » Si vous appartenez à la dernière catégorie, vous ferez de vos amis des ennemis, du souvenir une douleur, de la vie une tristesse, du monde une prison et de la mort une épouvante.

Au contraire, si vous enrichissez une âme d'une seule parole de consolation ou de sympathie, d'une seule heure de bonheur, vous aurez fait œuvre d'ange bienfaisant.

Il serait excellent que chacun s'enfermât une

heure tous les jours, pendant une heure seulement, ou même pendant une demi-heure, pour la consacrer à la méditation. On ne peut pas prendre comme excuse que le temps manque. Sir Robert Peel lisait tous les soirs un chapitre de la Bible, en rentrant de la chambre des Communes. Il faut toutefois avouer que la Chambre ne siégeait pas si tard que maintenant.

Pensez à ce qui est bien et vous ne ferez pas ce qui est mal.

Celui qui pense souvent à la mort et au jugement dernier,
Au ciel et à l'enfer, ne peut manquer de se conduire bien.

Et la récompense sera grande :
« Mon fils, ne mets pas en oubli mon enseignement et que ton cœur garde mes commandements, car ils t'apporteront de longs jours et des années de vie et de prospérité. »

Ne perdez pas de temps par conséquent.
« Souviens-toi de ton créateur pendant les jours de ta jeunesse. »

Pour mourir comme nous voudrions, il faut vivre comme nous devrions. Pour l'homme vertueux la mort n'a pas de terreurs.

L'évêque Thirlwall, pendant sa dernière maladie, se mit à traduire en sept langues la phrase suivante : « Comme le sommeil est le frère de la mort, il faut que tu te confies à la sollicitude de celui qui doit te réveiller, et de la mort du sommeil, et du sommeil de la mort. »

Lorsque Socrate se trouvait devant ses juges :
« Il ne parlait pas, dit Cicéron, comme quel-

qu'un qui a été condamné à mort, mais comme quelqu'un qui va droit au ciel. »

Tous ceux qui le veulent, peuvent vivre avec noblesse. Ayez donc constamment devant les yeux l'idéal d'existence le plus élevé possible.

S'il ne s'élève au-dessus de lui-même,
Que l'homme est peu de chose !

C'est ainsi et seulement ainsi, que vous pourrez vous discipliner, de façon à ce que l'on puisse dire un jour de vous ce que Marc-Antoine dit de Brutus :

Sa vie était noble et en lui tous les éléments
Se trouvaient si bien mêlés, que la Nature aurait pu se dresser
Pour dire de lui au monde entier : Celui-là était un Homme [1].

Si vous êtes femme, que l'on puisse dire de vous :

C'était une femme parfaite, une noble nature,
Faite pour conseiller, pour soulager, pour commander ;
C'était un esprit aussi, radieux,
Avec un peu du divin rayonnement d'un ange [2].

Les dernières paroles de Sir W. Scott sur son lit de mort à Lockhart, furent : « Sois vertueux, sois religieux, sois un homme de bien. Rien d'autre ne pourra te consoler lorsque tu seras où je suis. »

Balaam lui-même disait : « Que je meure de la mort des hommes justes, et que ma fin soit semblable à la leur. »

(1) Shakespeare.
(2) Wordsworth.

CHAPITRE XVII

DE LA TRANQUILLITÉ D'AME ET DU BONHEUR

La prospérité et le bonheur sont loin d'aller toujours ensemble, et bien des gens sont malheureux, quoiqu'ils semblent tout avoir pour être heureux. La nature peut donner sans compter à « son puissant préféré » pour employer l'expression du professeur Huxley, mais elle ne peut le rendre heureux ; c'est là sa propre affaire. Une vie de succès sur cette terre est pleine de périls et de soucis. L'homme qui n'a pas en lui les éléments du bonheur, ne les trouvera ni dans la beauté, ni dans la variété, ni dans les plaisirs ou les intérêts du monde. « Pour les uns, dit Schopenhauer, le monde est désert, est ennuyeux, et manque de sens profond ; pour les autres riche, intéressant et plein de sens. » Si nous savons bien nous y prendre, le bonheur viendra tout seul, mais il ne faut pas le poursuivre avec trop d'ardeur. Notre plus grande joie « descend aux enfers si, comme Orphée, nous nous retournons pour la regarder[1] ». Fuyez les plaisirs et ils vous poursuivront.

(1) Dallas.

Ne pensez pas continuellement à vous-même ; vous n'êtes pas seul au monde.

« Ne cherchez pas l'amusement, dit Ruskin, mais soyez toujours prêt à être amusé. » C'est une grande chose que de savoir faire de la vie une succession de plaisirs, même peu considérables.

Le sens de l'humour, par exemple, est un don que l'homme possède seul. On pourrait se demander si les animaux pensent, mais selon toutes apparences ils ne connaissent pas le rire. « La plus perdue de toutes les journées est celle où l'on n'a pas ri, » dit Chamfort. Quel plaisir en effet d'entendre un rire joyeux! comme il semble tout égayer !

> Un cœur joyeux va tout le jour,
> Un cœur triste est las au bout d'un mille.

La bonne humeur, disait un de nos évêques, est les neuf dixièmes de l'esprit chrétien. Et si vous vous mettez en colère, « que le soleil ne se couche point sur votre colère ». Il faut être deux pour se brouiller : ne soyez pas l'un des deux.

Il y a des gens qui passent leur temps à se plaindre : nés dans le paradis ils auraient encore trouvé moyen de se plaindre de quelque chose. Il y en a au contraire qui sont heureux partout ; ils ne voient que beauté et douceur dans tout ce qui les entoure.

> Quel paradis pourrait devenir la terre
> Si la crainte pouvait être enterrée à jamais,
> Si l'espoir était durable, l'amour éternel[1] !

(1) Morris.

La bonne humeur est un grand tonique moral. Comme le soleil fait éclore les fleurs, et mûrit le fruit, de même la bonne humeur, le sentiment de la liberté et de la vie, développe en nous tous les germes de bonté, et tout ce qu'il y a de meilleur en nous.

La bonne humeur est un devoir envers les autres. Il y a une vieille tradition qui prétend que l'on peut trouver une coupe d'or partout où l'arc-en-ciel touche à la terre ; de même il y a des gens dont le sourire, dont le son de la voix, dont la présence même semble, tel un rayon de soleil, changer en or tout ce qu'ils touchent.

Les hommes ne se laissent jamais abattre s'ils conservent leur bonne humeur. « Un cœur joyeux est une fête continuelle, pour les autres en même temps que pour soi. » L'ombre de Florence Nightingale guérissait bien plus de malades que ses médicaments ; et si nous partageons les fardeaux d'autrui nous allégeons les nôtres.

Certaines personnes semblent croire que la bonne humeur implique l'insouciance ; cependant il n'y a pas nécessairement de lien entre elles. « La gaieté et la bonne humeur, a dit le docteur Arnold, qui constituent un des plus grands bienfaits de l'humanité, accompagnent souvent la pensée la plus profonde et l'affection la plus tendre, et avec bien plus de grâce que lorsqu'elles sont unies à la frivolité ou à la dureté de celui qui devant Dieu est un sot. »

Il y a beaucoup d'hommes dont la naissance est une condamnation aux travaux forcés à perpétuité. Mais ceci ne s'applique pas aux pauvres seulement. Les riches travaillent de nos jours tout aussi durement, parfois plus durement encore. De plus, combien n'y a-t-il pas de gens que l'argent même rend malheureux ? et dont la vie ne connaît ni tranquillité ni paix ?

Nous ne pouvons pas éviter la souffrance dans ce monde, mais nous pouvons, si nous le voulons, nous élever au-dessus d'elle. Pour le faire il faut garnir notre mémoire de belles images, et d'heureux souvenirs.

Tout le monde voudrait s'amuser, mais peu savent le faire. Les gens ne se rendent pas compte de toute la dignité et de tout le bonheur de la vie.

Ne grossissez pas les petits tracas de la vie jusqu'à ce qu'ils deviennent de grandes épreuves. « Quelles peines y a-t-il dans cette vie, dit Cicéron, qui puissent paraître grandes à l'homme qui connaît l'éternité et la grandeur de l'univers ? Car qu'y a-t-il dans la connaissance humaine ou dans le court espace de cette vie qui puisse paraître grand au sage ? Son esprit est toujours tellement sur ses gardes que rien ne peut lui arriver d'inattendu. »

Très souvent nous nous figurons être mortellement blessés, quand nous n'avons qu'une égratignure : « Un médecin, raconte Fuller, qu'on avait fait venir pour soigner une blessure insignifiante, envoya chercher en toute hâte un emplâtre. « Ma blessure est donc bien dangereuse? dit le malade. — Non, répondit le médecin, mais elle pourrait se guérir avant qu'on ne revienne. » Le temps nous guérit de nos maux comme de nos blessures.

« Un esprit cultivé, dit Mill, et je ne veux pas parler d'un philosophe, mais de tout esprit auquel les sources de la connaissance ont été ouvertes, et auquel on a appris, à un degré quelconque, à exercer ses facultés, trouvera un inépuisable intérêt dans tout ce qui l'environne : dans les objets de la nature, les œuvres de l'art, les imaginations des poètes, les incidents de l'histoire, les voies de l'humanité passée et présente, et ses perspectives futures. Il est possible sans doute de devenir indifférents à ces choses, même sans en avoir épuisé la meilleure partie, mais seulement parce que, dès le début, on n'a pas su y trouver un intérêt moral ou humain, parce qu'on s'est contenté d'y chercher une satisfaction de curiosité. »

Nous vivons dans un monde de fleurs, d'arbres et d'herbes; de fleuves, de lacs et de mers; de montagnes et de clair soleil. La Nature est joyeuse pour ceux qui sont joyeux, elle offre une consolation à ceux qui savent l'accepter.

> Le matin était ensoleillé calme et beau
> Une brume odorante remplissait l'air,
> Il faisait si doux qu'on aurait dit

Que le printemps était revenu pour ramener
Par ses baisers, le monde à un rêve de bonheur[1].

Mais pour apprécier le beau, il faut avoir le sens de la beauté. Nous entendons beaucoup parler de l'intelligence du chien et de l'éléphant ; il n'y a pas de raison pour croire que le plus beau paysage au monde leur donnerait quelque plaisir.

Il y a des gens qui, n'ayant pas autre chose à faire, se plaignent de s'ennuyer ; mais alors l'ennui est en eux-mêmes.

« Si un homme instruit, qui a la santé, des yeux, des mains et des loisirs ne trouve pas de but à son existence, c'est que le Tout-Puissant a donné tous ces biens à un homme qui ne les méritait pas. »

Ni la richesse ni le rang ne nous assureront le bonheur. Sans l'amour la charité et la paix d'âme, vous serez peut-être grand et puissant, mais vous ne serez pas heureux.

Il y a un conte persan qui nous dit que le Grand Roi se sentant malheureux consulta ses astrologues. Ils lui dirent que le seul moyen d'être heureux était de porter la chemise d'un homme parfaitement heureux. On chercha dans la cour et parmi toutes les classes aisées du pays, mais en vain. Impossible de trouver cet homme. Mais enfin on trouva un paysan revenant de son travail, qui remplissait toutes les conditions voulues. Il était

---

(1) Morris.

parfaitement heureux, mais, hélas! le remède était aussi inaccessible que jamais. Car l'homme n'avait pas de chemise!

J'ai déjà démontré que, comme les hommes les plus sages l'ont reconnu, le bonheur ne peut être acheté au prix de l'argent, ni commandé par la puissance. Les couronnes des rois sont souvent hérissées d'épines.

« Le gros des hommes, dit Hiéron à Simonide, dans le *Banquet*, se laisse tromper par les dehors de la tyrannie; je ne m'en étonne pas, car c'est surtout par les yeux que la foule paraît juger du bonheur et de la misère des autres. Or, la tyrannie étale à tous les regards les biens qui semblent d'un grand prix, elle en fait montre et parade, tandis que les tyrans enferment leurs peines au fond de leur âme, où réside en effet le bonheur ou le malheur des hommes. Pour moi, l'expérience m'a prouvé, Simonide, et je te le dis, que les tyrans ont la moindre portion des plus grands biens, et la plus large part des plus grands maux. »

Si vous êtes malheureux, vous trouverez de la consolation dans les paroles de Massillon : « D'où vient cela, ô homme? Ne serait-ce point parce que vous êtes ici-bas déplacé, que vous êtes fait pour le ciel et que la terre n'est point votre patrie, et que tout ce qui n'est pas Dieu n'est rien pour vous? »

« Mais dire les mille nuances du plaisir et toutes les manières avenantes de la vertu, c'est ce qui dépasse notre pouvoir; tout ce que nous pourrions dire de la vertu la plus haute, c'est qu'il y a en elle un charme indéfinissable; et de la plus haute félicité, qu'elle est inexprimable[1]. »

Si nous considérons les choses comme il faut, nous pouvons tous dire avec Dante :

Et ce que je vis était universelle félicité
Une joie qui dépasse toute compréhension,
Un bonheur que personne ne saurait décrire,
Une vie impérissable de paix et d'amour,
Des richesses inépuisables et un bonheur sans bornes.

Tout dans la nature est réglé par une loi sage et bienfaisante, et tout est lié au bien et y collabore. Si nous souffrons c'est par notre propre faute, ou pour assurer le bonheur des autres.

Selon Cicéron : « Epicure a distingué trois espèces de cupidité chez l'homme : il ne connaît de naturelles et qui sont nécessaires en même temps; d'autres naturelles et non nécessaires; d'autres encore qui ne sont ni l'un ni l'autre. Quant aux nécessaires, il ne faut presque rien selon lui pour les contenter, les trésors de la nature se trouvant partout en abondance. Pour celles de la seconde classe, il croit également facile ou de les satisfaire, ou de s'en passer; à l'égard des dernières, qu'elles ne sont ni commandées par la nécessité, ni demandées par la nature. »

---

(1) Bacon.

Pour jouir complètement de la vie, il faut que nous soyons prêts à nous priver de bien des plaisirs attrayants. On gagne plus à renoncer à ses désirs qu'à satisfaire ses passions. Les sens, bien qu'ils nous procurent de saines délices, si nous leur cédons, nous mèneront aux écueils et aux tourbillons de la vie, comme les sirènes d'autrefois.

C'est un des malheurs de notre époque qu'elle ne nous laisse que si peu de loisirs ; nous vivons dans un tourbillon continuel. Que de femmes et même d'hommes ont senti ce que dit Portia : « Mon petit corps est las de ce grand monde. » — « Je sais, dit Kingsley, que ce qui nous manque à tous, c'est la paix intérieure, la paix du cœur et de l'âme ; un caractère calme, puissant, fait de résignation et d'abnégation, qui n'a pas besoin de stimulants, car il ne connaît pas l'abattement ; ni de narcotiques, car il ignore l'excitation fiévreuse; ni de contraintes ascétiques, puisqu'il est assez fort pour se servir des dons de Dieu sans en abuser; en un mot, un caractère qui est réellement modéré, non seulement pour la nourriture et la boisson, mais dans tous ses désirs, toutes ses pensées, toutes ses actions, qui est délivré des convoitises et des ambitions auxquelles céda le vieil Adam, lequel chercha la vie et la lumière par des moyens défendus et ne trouva que des fléaux et la mort. Oui, je sais cela, et je sais aussi que le repos ne se trouve que là où vous l'avez déjà trouvé. »

« Suivez la volonté de Jupiter, dit Épictète. Si vous ne le faites pas vous subirez les conséquences de votre désobéissance. Et quelle sera votre peine, de n'avoir pas fait votre devoir ? Vous perdrez ce qui donne la modestie, la fidélité et le juste sens des choses. Peut-il y avoir des peines plus grandes que celles-ci ? »

« Nous nous plaignons, dit Ruskin, de ne pas avoir bien des choses : des votes, de la liberté, des amusements, de l'argent. Qui de nous sait qu'il a besoin de paix ? Il y a deux façons de l'acquérir. La première est entièrement en notre pouvoir ; c'est de se faire des trésors de pensées agréables. Aucun de nous ne sait encore — car on ne l'a enseigné à aucun de nous dans notre jeunesse — quels palais de fées nous pouvons bâtir avec de belles pensées, des palais à l'épreuve de toute adversité. De belles imaginations, des souvenirs tranquilles, de nobles histoires, de sincères paroles, des trésors de pensées précieuses et reposantes, que le souci ne saurait troubler, que la douleur ne peut ternir, que la misère ne peut nous enlever ; voilà les maisons construites sans mains pour être la demeure de nos âmes. »

Le dernier mot d'ordre donné en mourant par Antonin, dont la bonté égalait la grandeur, fut : « *Æquanimitas.* » Rien n'a jamais troublé la sérénité de la vie du Christ.

« Renonce au désir, dit Thomas A-Kempis, et tu trouveras la paix. »

Nous sommes tracassés dans la vie par les petites choses autant que nous sommes affligés par les grandes épreuves

« De toutes les mauvaises choses dont l'humanité est affligée, la mauvaise humeur est sûrement la pire. »

Il ne faut pas que nous cherchions hors de nous-mêmes pour trouver le bonheur, mais bien en nous, dans nos propres cœurs. « Le royaume du ciel est en vous. » Si nous ne sommes pas heureux ici-bas, comment pouvons-nous nous attendre à l'être ailleurs ? La providence veillera-t-elle plus sur nous là-bas qu'ici ? Si nous ne créons pas notre bonheur sur la terre, comment pouvons-nous espérer le trouver au ciel !

Sans doute, comme le bonheur peut être triple, par l'anticipation, par la jouissance même, et par le souvenir, une grande source de bonheur peut encore exister pour nous dans le fait même de pouvoir regarder en avant et espérer revoir ceux que nous avons aimés et perdus, et connaître bien des choses qui nous sont maintenant cachées.

Je n'ai rien à dire contre cette source de bonheur, mais elle ne doit pas nous faire mépriser nos biens terrestres.

Pour vivre d'une vie heureuse et tranquille il faut remplir notre esprit de sages et de nobles pensées. « Ce qui est divin, disait Platon, dans le *Phédon*, c'est ce qui est beau, vrai, bon et tout ce qui possède les qualités analogues ; et c'est aussi ce qui nourrit et fortifie les ailes de l'âme et toutes les qualités contraires, comme la laideur et le mal, les flétrissent et les font dépérir. »

Enfin, l'homme le plus vertueux, dit Socrate, est celui qui essaie de se perfectionner ; et le plus heureux celui qui sent qu'il se perfectionne réellement.

CHAPITRE XVIII

DE LA RELIGION

Si la religion de la théologie est encore un mystère même pour les plus savants, la religion du devoir est intelligible même pour un enfant. Ce que Locke disait des enfants peut s'appliquer à la plupart des gens. « Il faut leur inspirer de l'amour et du respect pour un être si parfait et si bon. D'abord il faut s'en tenir là sans leur expliquer davantage cette matière, de peur qu'en parlant trop tôt des esprits aux enfants et qu'en se hâtant à contre-temps à leur faire connaître la nature de cet être infini, ils ne s'en forment des idées fausses ou inintelligibles. Lors donc que vous leur parlerez de Dieu, dites-leur seulement : « Que Dieu a fait et qu'il gouverne toutes choses, qu'il entend tout, qu'il voit tout, et qu'il comble de toute sorte de biens ceux qui l'aiment et qui obéissent à sa volonté. » Vos enfants ayant appris à se former une telle idée de Dieu, vous verrez que d'eux-mêmes, ils auront assez tôt de nouvelles pensées de ce souverain être. Si vous vous apercevez que ces nouvelles pensées ne soient pas tout à fait justes, il faut les redresser aussitôt. Pour moi, je crois qu'il vaudrait beaucoup mieux qu'en général les hommes s'arrêtassent à l'idée de Dieu, que nous venons de proposer, sans s'enquérir trop curieusement des propriétés d'un être que tout le monde doit regarder comme incompréhensible, car il y a quantité de gens qui, n'ayant ni assez de force, ni assez de netteté d'esprit pour distinguer d'avance ce qu'ils peuvent connaître de ce qui dépasse leur intelligence, se jettent, par cette curiosité mal entendue, dans la superstition ou dans l'athéisme, faisant Dieu semblable à eux-mêmes, ou n'en reconnaissant point du tout, parce qu'ils ne peuvent se le représenter sous aucune autre idée. »

Lowell citait avec une admiration toute particulière ces paroles de Johnson : « Tout ce qui nous met au-dessus du pouvoir de nos sens, tout ce qui rend le passé, l'avenir et les choses éloignées plus importantes pour nous que le moment présent, ajoute à notre dignité d'êtres pensants. »

La religion, en un certain sens, doit s'occuper du corps aussi bien que de l'esprit. Il importe que tous deux soient traités avec un égal honneur.

La théologie et le dogme constituent la science, mais non l'essence de la Religion. La religion dans la vie quotidienne est une règle de conduite, une sauvegarde dans la prospérité, une consolation dans le malheur, un soutien dans la peine, un asile contre le danger, un support dans la tristesse, un refuge de paix.

« La religion, a dit Fichte, non sans raison, n'est pas une affaire existant par elle-même et pour elle-même, que l'on peut exercer en plus de ses autres occupations, à de certaines heures ou à de certains jours ; c'est au contraire l'esprit le plus intime qui pénètre toutes nos pensées, toutes nos actions et qui s'étend sur toutes ; toutes peuvent d'ailleurs poursuivre leur cours habituel sans changement ni interruption. »

La Bible ne nous embarrasse pas de définitions obscures. Elle détourne bien plutôt nos pensées de pareilles considérations

« Car ce commandement que je te prescris aujourd'hui n'est point trop élevé au-dessus de toi et il n'est pas éloigné de toi.

« Il n'est pas dans les cieux pour donner lieu de dire : qui est-ce qui montera pour nous aux cieux et nous l'apportera pour nous le faire entendre, afin que nous le fassions ?

« Car cette parole est fort proche de toi : elle est dans ta bouche et dans ton cœur, afin que tu l'accomplisses. »

Jésus dit au docteur de la loi qui l'interrogeait : « Tu aimeras le Seigneur ton Dieu, de tout ton cœur, de toute ton âme et de toute ta pensée. »

« Et voici le second commandement qui lui est semblable : « Tu aimeras ton prochain comme toi-même. Toute la loi et les prophètes se rapportent à ces deux commandements[1]. »

---

(1) Saint Mathieu.

« La religion pure, dit saint Jacques, et sans tache devant Dieu votre père, consiste à visiter les orphelins et les veuves dans leurs afflictions et à se préserver de la souillure du monde. »

Il se peut que nous ne sachions pas d'où nous venons ni où nous allons; nous pouvons être incertains dans nos pensées et dans nos croyances; mais dans nos cœurs nous savons presque toujours ce qu'il est de notre devoir de faire. Notre devoir envers notre prochain est une partie de notre devoir envers Dieu. Le brigand du moyen âge qui s'appelait « l'ami de Dieu et l'ennemi des hommes », ne s'est pas trompé plus complètement sur le véritable esprit chrétien que bien des gens qui sont moins excusables que lui! C'est en aimant ses semblables qu'on montre le mieux l'amour qu'on a pour Dieu. Nous sommes quelquefois portés à nous plaindre d'autrui; nous devrions nous rappeler que « Si tu ne peux pas te faire tel que tu voudrais, comment peux-tu t'attendre à trouver un autre en tout point selon tes vœux? »

Et même si nous avons de justes raisons de nous plaindre, il faut pardonner comme nous espérons qu'on nous pardonnera, non pas comme disait saint Pierre, jusqu'à sept fois, mais « jusqu'à septante fois sept ».

La crainte de la douleur agit plus efficacement sur bien des esprits que l'espoir du bonheur.

Il y a dans l'église de Faversham une vieille épitaphe qui dit :

> Celui qui a pensé
> Intimement et souvent,
> Combien il est pénible de passer
> Du lit à l'enfer,
> De l'enfer aux tortures,
> Qui ne cesseront jamais :
> Celui-là ne commettrait pas un péché,
> Pour gagner le monde entier

Il ne faut négliger ni les promesses ni les avertissements célestes : « La lumière est encore avec vous pour un peu de temps; marchez pendant que vous avez la lumière, de peur que les ténèbres ne vous surprennent : car celui qui marche dans les ténèbres ne sait pas où il va[1]. » « Quiconque entend ces paroles que je dis et ne les met pas en pratique, sera comparé à un homme insensé qui a bâti sa maison sur le sable : et la pluie est tombée et les torrents se sont débordés, et les vents ont soufflé et sont venus fondre sur cette maison là. Elle est tombée, et sa ruine a été grande. »

Mais d'autre part : « Quiconque entend ces paroles que je dis et les met en pratique, je le comparerai à un homme prudent qui a bâti sa maison sur le roc; et la pluie est tombée, et les torrents se sont débordés, et les vents ont soufflé et sont venus fondre sur cette maison-là : elle n'est point tombée car elle était fondée sur le roc[2]. »

(1) Saint Jean.
(2) Saint Mathieu.

Et surtout malheur à celui qui induirait les autres en erreur, surtout les jeunes.

« Il vaudrait mieux pour lui qu'on lui mît au cou une meule de moulin et qu'on le jetât dans la mer, que de scandaliser un de ces petits[1]. » — « Car que servirait-il à un homme de gagner tout le monde s'il perdait son âme, ou que donnerait l'homme en échange de son âme[2]? »

Le christianisme est la religion de l'espoir plutôt que de la crainte; mais nous ferions bien de combiner dans notre pensée l'espoir et la crainte; comme le propose Raleigh:

« Celui qui pense souvent à la mort et au jugement dernier
Au ciel et à l'enfer ne peut manquer de se conduire bien. »

Mais il est plus facile de conduire les hommes par la douceur que par la force. Les exemples valent mieux que les préceptes. Beaucoup de gens qui mépriseraient les terreurs de l'Inquisition sentiraient la vérité de la remarque de Drummond : « Dix minutes passées tous les jours dans la société du Christ, que dis-je? deux minutes même si l'on est face à face avec lui et cœur à cœur, changeraient la vie tout entière. »

Pensez à ce qui est bien et vous ne ferez pas ce qui est mal : « Que toutes les choses qui sont véritables, toutes les choses qui sont

---

[1] Saint Luc.
[2] Saint Mathieu.

honnêtes, toutes les choses qui sont de bonne réputation, et où il y a quelque vertu, et qui sont dignes de louanges, que toutes ces choses occupent vos pensées[1]. »

« Ne demandez pas à Dieu, dit Sénèque, ce que vous ne voudriez pas que les hommes sachent, ni rien des hommes que vous voudriez cacher à Dieu. » Quand nous considérons quels êtres éphémères et insignifiants nous sommes dans l'infini du temps et de l'espace, nous pouvons bien nous demander avec Spenser :

« S'occupe-t-on de nous au ciel ? Y a-t-il dans ces esprits célestes
De l'amour pour des créatures aussi viles ? »

L'auteur des Psaumes a raison de dire : « Quand je regarde tes cieux, l'ouvrage de tes doigts, la lune et les étoiles que tu as agencées, je dis : Qu'est-ce que l'homme mortel, que tu te souviennes de lui, et que le fils de l'homme, que tu le visites ? »

Mais la réponse de Coleridge nous rassure :

« Les saints nous viendront en aide,
Si les hommes appellent
Car la voûte azurée du ciel
S'étend sur tous également. »

Ne nous a-t-on pas dit : « Demandez et on vous donnera ; cherchez et vous trouverez, heurtez et on vous ouvrira. » Et d'ailleurs :

« Et quoi que vous demandiez en mon

---

(1) Saint Paul.

nom je le ferai. » On nous dit aussi : « Que pour Dieu tous les cœurs sont ouverts, et tous les désirs connus »; qu'il ne méprise pas les soupirs d'un cœur oppressé, ni les désirs de ceux qui sont tristes ; que nous pouvons nous décharger sur lui : « de tous nos soins, puisqu'il a soin de nous [1] ».

Il ne faut pas demander un secours céleste par paresse. Cependant, on nous promet non seulement du secours, mais on nous dit : « Si l'Éternel ne bâtit pas la maison, ceux qui la bâtissent y travaillent en vain. Si l'Eternel ne garde la ville, celui qui la garde veille en vain. » — « Toute grâce excellente, et tout don parfait vient d'en haut et descend du Père des lumières, en qui il n'y a point de variation, ni aucune ombre de changement [2]. »

Le christianisme ne nous ordonne pas de faire le sacrifice de ce monde afin de gagner l'autre; au contraire : « Aimer ce qui est ordonné, désirer ce qui est promis », ajouterait à notre bonheur ici-bas comme ailleurs. Il n'y a pas de différence entre le bonheur terrestre et le bonheur céleste, car la religion rend la vie quotidienne sacrée.

« Il n'est pas nécessaire d'abandonner,
Pour quelque cloître, nos voisins et notre travail,
La tâche journalière nous fournit toutes les occasions.
De bien que nous pouvons demander
Et tout le temps de nous consacrer aux autres [3]. »

(1) Saint Pierre.
(2) Saint Jacques.
(3) Keble.

« Je ne te prie pas de les ôter du monde, dit le Christ, en parlant de ses disciples, mais de les préserver du mal. »

Il y a de nobles sentiments exprimés dans Platon, Aristote, Epictète, Sénèque, et Marc-Aurèle, mais il n'y a pas un évangile d'amour tel que celui que contient le Nouveau Testament.

Le Christ a dit avec raison que sa religion était une nouvelle religion. « Je vous donne un commandement nouveau ; que vous vous aimiez les uns les autres ; que comme je vous ai aimés, vous vous aimiez les uns les autres. » Et plus loin : « Je vous ai dit ces choses afin que ma joie demeure en vous et votre joie soit accomplie. C'est ici mon commandement, que vous vous aimiez les uns les autres comme je vous ai aimés. Personne n'a un plus grand amour que celui de donner sa vie pour ses amis. Vous serez mes amis si vous faites tout ce que je vous commande. Je ne vous appelle plus serviteurs, parce que le serviteur ne sait ce que fait son maître, mais je vous ai appelés mes amis parce que je vous ai fait connaître tout ce que j'ai entendu de mon Père[1]. »

La venue du christianisme a été annoncée ainsi : « Gloire soit à Dieu, au plus haut des cieux ; paix sur la terre, bonne volonté envers les hommes[2]. »

Le Christ a fait nettement sentir la diffé-

---

(1) Saint Jean.
(2) Saint Luc.

rence entre la doctrine de Moïse et la sienne, en ordonnant absolument le pardon répété et l'amour, même envers nos ennemis. « Vous avez entendu qu'il a été dit : Tu aimeras ton prochain, et tu haïras ton ennemi. Mais moi je vous dit : Aimez vos ennemis, bénissez ceux qui vous maudissent, faites du bien à ceux qui vous haïssent, et priez pour ceux qui vous outragent et qui vous persécutent.

« Afin que vous soyez enfants de votre Père qui est dans les cieux, car il fait lever son soleil sur les méchants et sur les bons et il fait pleuvoir sur les justes et sur les injustes.

« Car si vous n'aimez que ceux qui vous aiment, quelle récompense en aurez-vous? Les péagers n'en font-ils pas autant?

« Et si vous ne faites accueil qu'à vos frères, que faites-vous d'extraordinaire? Les péagers n'en font-ils pas autant?

« Soyez donc parfaits, comme votre Père qui est dans les cieux est parfait [1]. »

Il faut bien s'attendre à connaître la peine et les soucis, mais nous pouvons « nous glorifier même dans les afflictions, sachant que l'affliction produit la patience, et la patience l'épreuve, et l'épreuve l'expérience ». On nous assure aussi que : « Ce sont des choses que l'œil n'avait point vues, que l'oreille n'avait point entendues, et qui n'étaient point venues dans l'esprit de l'homme et que Dieu avait préparées à ceux qui l'aiment [1]. »

(1) Saint Mathieu.

« A la place de tous les autres plaisirs, dit Epictète, mettez un seul : celui de savoir que vous obéissez à Dieu, et que vous faites ce qui convient à un homme sage et vertueux[1]. »

« Pour gagner très peu, dit Thomas A-Kempis, on entreprendra un long voyage; mais pour gagner une vie éternelle, il y en a beaucoup qui ne bougeront pas. » Et ailleurs : « Ecrivez, lisez, lamentez-vous, gardez le silence, priez, souffrez virilement ; la vie éternelle vaut bien que l'on souffre toutes ces choses, et de pires encore. » Cependant combien peu on nous demande en réalité ! Car : « Qu'est-ce que l'Eternel demande à toi, sinon de faire ce qui est droit, d'aimer la miséricorde et de marcher dans l'humilité avec ton Dieu ? »

Mais même dans le cas où l'on nous demanderait de plus grands sacrifices, même si l'on nous demandait de renoncer à tout ce que nous avons au monde, la vie n'est-elle pas assez courte pour que nous y consentions ?

Du reste : « Dieu est fidèle, il ne permettra point que vous soyez tentés au delà de vos forces; avec la tentation il vous en donnera aussi l'issue, de sorte que vous puissiez la supporter[2]. »

Mais l'homme est si faible qu'on nous dit aussi : « Veillez et priez, de peur que vous ne tombiez dans la tentation, car l'esprit est prompt mais la chair est faible[3]. »

(1) Saint Paul.
(2) Saint Paul.
(3) Saint Mathieu.

Il faut viser à la perfection : « Soyez parfaits comme votre Père qui est dans les cieux, est parfait. »

La récompense est immédiate et sans bornes.

La Religion nous promet le repos et la tranquillité, la paix de l'âme, et un soulagement dans le souci, même dans ce monde-ci. Le ciel n'est pas seulement dans le monde à venir, le ciel est en vous.

Si vous êtes fatigués, ne vous a-t-on pas dit : « Venez à moi, vous qui êtes travaillés et chargés, et je vous soulagerai [1]. »

On nous assure qu'il n'y a pas de véritable raison de crainte ou d'inquiétude : « Regardez les oiseaux de l'air, ils ne sèment ni ne moissonnent, ni n'amassent rien dans les greniers, et votre Père céleste les nourrit. N'êtes-vous pas beaucoup plus excellents qu'eux?... Et pour ce qui est du vêtement, pourquoi en êtes-vous en souci ? Apprenez comment les lis des champs croissent ; ils ne travaillent ni ne filent ; cependant je vous dis que Salomon même dans toute sa gloire n'a point été vêtu comme l'un d'eux.

« Si donc Dieu revêt ainsi l'herbe des champs qui est aujourd'hui et qui demain sera jetée dans le four, ne vous revêtirait-il pas beaucoup plutôt, ô gens de petite foi[2] ? »

« Ne vous mettez donc pas en peine de ce que vous mangerez ou de ce que vous boirez

---

(1) Saint Mathieu,
(2) Saint Mathieu.

et n'ayez point l'esprit inquiet. Car ce sont les nations du monde qui recherchent toutes ces choses, mais votre Père sait que vous en avez besoin. Mais cherchez plutôt le royaume de Dieu, et toutes ces choses vous seront données par surcroît [1]. »

Et l'on ne cesse de nous faire les mêmes promesses :

« Ne vous amassez pas des trésors sur la terre où les vers et la rouille gâtent tout et où les larrons percent et dérobent. Mais amassez-vous des trésors dans le Ciel, où les vers ni la rouille ne gâtent rien, et où les larrons ne percent ni ne dérobent point ; car où est votre trésor, là aussi sera votre cœur. » Et plus loin « si les richesses augmentent, que votre cœur ne s'y attache pas » : les richesses en réalité plutôt que l'indigence sont ce qui devrait nous rendre soucieux. « Qu'il est difficile à ceux qui se confient aux richesses d'entrer dans le royaume de Dieu. »

On promet le ciel dans le Sermon sur la Montagne aux seuls miséricordieux, aux humbles, à ceux qui aiment la paix et dont le cœur est pur.

On nous dit de ne point craindre Dieu : car c'est notre Père, et l'amour partout chasse toute crainte.

Nous n'avons pas à craindre l'homme : « Je m'assure en Dieu, je ne craindrai rien que me ferait l'homme [2]. »

(1) Saint Luc.
(2) Psaumes.

DE LA RELIGION

En vérité rien ne pourra nous nuire : « Nous savons que toutes choses concourent ensemble au bien de ceux qui aiment Dieu. »

On nous répète aussi que parmi toutes nos peines, nos difficultés et nos inquiétudes : « La paix de Dieu qui surpasse toute compréhension gardera vos cœurs et vos esprits dans la connaissance et l'amour de Dieu, et que la bénédiction de Dieu sera parmi vous et demeurera avec tous pour l'éternité. »

Et ces promesses sont pour tous également et non aux seuls riches, aux grands de la terre, aux savants et aux hommes de génie, car « Dieu ne distingue pas entre ses créatures ».

« Laissez les petits enfants et ne les empêchez point de venir à moi, car le royaume des cieux est pour ceux qui leur ressemblent[1]. »

Seuls nous pouvons nous dépouiller nous-mêmes de ces avantages.

« Car je suis assuré que ni la mort ni la vie ni les anges, ni les principautés, ni les puissances, ni les choses présentes, ni les choses à venir, ni les choses élevées, ni les choses basses, ni aucune autre créature ne nous pourra séparer de l'amour que Dieu nous a montré en Jésus-Christ Notre-Seigneur[2]. »

Ainsi et seulement ainsi, la vie sera sereine, paisible et heureuse.

« Gardez l'innocence et veillez à ce qui est bien, car ceci mènera un homme finalement à la paix.

(1) Saint Mathieu.
(2) Saint Paul.

« Et c'est ainsi que vous pourrez être au nombre de ceux dont les noms sont inscrits au Livre de la Vie. »

Et c'est ainsi enfin que vous pourrez espérer être heureux, quelles que soient votre destinée et votre situation de fortune.

Car tous les endroits que voit le ciel,
Sont pour le sage des ports et des refuges de bonheur.

Soyez bons, pour citer les nobles paroles de Kingsley :

Et que les autres brillent, s'ils le veulent.
Faites de nobles choses au lieu d'y rêver toute la
   journée.
Et vous rendrez ainsi la vie, la mort et l'immense
   avenir,
Un seul rythme puissant et doux.

TABLE DES MATIÈRES

Chapitre	I.	La Grande Question	1
—	II.	Du Tact	18
—	III.	De l'Argent	31
—	IV.	De la Récréation	46
—	V.	De la Santé	56
—	VI.	De l'Éducation Nationale	67
—	VII.	De l'Éducation Personnelle	78
—	VIII.	Des Bibliothèques	88
—	IX.	De la Lecture	96
—	X.	Du Devoir Social	102
—	XI.	De la Vie Sociale	117
—	XII.	De l'Application	133
—	XIII.	De la Foi	146
—	XIV.	De l'Espérance	155
—	XV.	De la Charité	163
—	XVI.	Du Caractère	172
—	XVII.	De la Tranquillité d'Ame	184
—	XVIII.	De la Religion	196

ÉVREUX, IMPRIMERIE DE CHARLES HÉRISSEY

BIBLIOTHÈQUE DE PHILOSOPHIE CONTEMPORAINE
130 volumes in-18; chaque vol. broché : 2 fr. 50 c.

EXTRAIT DU CATALOGUE

H. Taine.
Philosophie de l'art dans les Pays-Bas. 2ᵉ édit.

Paul Janet.
Le Matérialisme cont. 6ᵉ éd.
Philos. de la Rév. franç. 5ᵉ éd.
St-Simon et le St-Simonisme.
Les origines du socialisme contemporain. 3ᵉ édit.
La philosophie de Lamennais.

Ad. Franck.
Philos. du droit pénal. 4ᵉ éd.
La religion et l'État. 2ᵉ édit.
Philosophie mystique au XVIIIᵉ siècle.

Schœbel.
Philosophie de la raison pure.

Saigey.
La Physique moderne. 2ᵉ éd.

E. Faivre.
De la variabilité des espèces.

J. Stuart Mill.
Auguste Comte. 4ᵉ édit.
L'utilitarisme. 2ᵉ édit.

Ernest Naville.
Libre philosophie.

Herbert Spencer.
Classification des scienc. 6ᵉ éd.
L'individu contre l'État. 4ᵉ éd.

Th. Ribot.
La Psych. de l'attention. 3ᵉ éd.
La Philos. de Schopen. 6ᵉ éd.
Les Mal. de la mém. 11ᵉ éd.
Les Mal. de la volonté. 11ᵉ éd.
Les Mal. de la personnalité 6ᵉ éd.

Hartmann (E. de).
La Religion de l'avenir. 4ᵉ éd.
Le Darwinisme. 5ᵉ édit.

Schopenhauer.
Essai sur le libre arbitre. 7ᵉ éd.
Fond. de la morale. 6ᵉ éd.
Pensées et fragments. 13ᵉ éd.

H. Marion.
Locke, sa vie, son œuvre. 2ᵉ éd.

L. Liard.
Logiciens angl. contem. 3ᵉ éd.
Définitions géomét. 2ᵉ éd.

O. Schmidt.
Les sciences naturelles et l'Inconscient.

Barthélemy-St Hilaire.
De la métaphysique.

Espinas.
Philosophie expér. en Italie.

Siciliani.
Psychogénie moderne.

Leopardi.
Opuscules et Pensées.

Roisel.
De la substance.
L'idée spiritualiste.

Zeller.
Christian Baur et l'École de Tubingue.

Stricker.
Le langage et la musique.

Ad. Coste.
Conditions sociales du bonheur et de la force. 3ᵉ édit.

A. Binet.
La psychol. du raisonnement. 2ᵉ édition.
Introd. à la psychol. expér.

Gilbert Ballet.
Le langage intérieur. 2ᵉ édit.

Mosso.
La peur. 2ᵉ édit.
La fatigue. 2ᵉ édit.

G. Tarde.
La criminalité comparée. 3ᵉ éd.
Les transform. du droit. 2ᵉ éd.

Paulhan.
Les phénomènes affectifs.
J. de Maistre, sa philosophie.

Ch. Féré.
Dégénérescence et criminal.
Sensation et mouvement.

Ch. Richet.
Psychologie générale. 2ᵉ éd.

J. Delbœuf.
Matière brute et Mat. vivante.

L. Arréat.
La morale dans le drame. 2ᵉ éd.
Mémoire et imagination.

Vianna de Lima.
L'homme selon le transform.

A. Bertrand.
La Psychologie de l'effort.

Guyau.
La genèse de l'idée de temps.

Lombroso.
L'anthropol. criminelle. 3ᵉ éd.
Nouvelles recherches de psychiat. et d'anthropol. crim.
Les applications de l'anthropologie criminelle.

Tissié.
Les rêves (physiol. et path.).

J. Lubbock.
Le bonheur de vivre. (2 vol.)
L'emploi de la vie. 2ᵉ édit.

E. de Roberty.
L'Inconnaissable.
Agnosticisme. 2ᵉ édit.
La recherche de l'unité. 2ᵉ éd.
Aug. Comte et H. Spencer. 2ᵉ édition.
Le Bien et le Mal.

J. Pioger.
Le monde physique.

Georges Lyon.
La philosophie de Hobbes.

Queyrat.
L'imagination et ses variétés chez l'enfant. 2ᵉ édit.
L'abstraction dans l'éducation intellectuelle.
Les caractères et l'éducation morale.

Wundt.
Hypnotisme et suggestion.

Fonsegrive.
La causalité efficiente.

P. Carus.
La conscience du moi.

Guillaume de Greef.
Les lois sociologiques. 2ᵉ éd.

Th. Ziegler.
La question sociale est une question morale. 2ᵉ édit.

Gustave Le Bon.
Lois psychol. de l'évolution des peuples. 2ᵉ édit.
Psychologie des foules. 2ᵉ éd.

G. Lefèvre.
Obligat. morale et Idéalisme.

G. Dumas.
Les états intellectuels dans la mélancolie.

Durkheim.
Règles de la méthode sociolog.

P. F. Thomas.
La suggestion et l'éducation.

Dunan.
Théorie psychol. de l'espace.

Mario Pilo.
Psychologie du beau et de l'art.

R. Allier.
Philosophie d'Ernest Renan.

Lange.
Les émotions.

E. Boutroux.
Contingence des Lois de la nature. 2ᵉ édit.

G. Lechalas.
L'espace et le temps.

L. Dugas.
Le Psittacisme.

C. Bouglé.
Les sciences sociales en Allemagne.

Marie Jaëll.
La musique et la psychophysiologie.

Max Nordau.
Paradoxes psycholog. 2ᵉ édit.
Paradoxes sociologiques.

J. Lachelier.
Fondement de l'induction. 2ᵉ éd.

J.-L. de Lanessan.
Morale des philos. chinois.

G. Richard.
Le socialisme et la science sociale.

Fierens-Gevaert.
Essai sur l'art contemporain.

L. Dauriac.
Psychologie dans l'Opéra français (Auber, Rossini, Meyerbeer).

A. Cresson.
La morale de Kant.

www.ingramcontent.com/pod-product-compliance
Lightning Source LLC
Chambersburg PA
CBHW051907160426
43198CB00012B/1784